Resolución de incidencias en redes telemáticas

Dolores Gómez Beas

ic editorial

Resolución de incidencias en redes telemáticas

1ª Edición

Editado por: IC Editorial
c/ Cueva de Viera, 2, Local 3
Centro Negocios CADI
29200 Antequera (Málaga)
Teléfono: 952 70 60 04
Fax: 952 84 55 03
Correo electrónico: iceditorial@iceditorial.com
Internet: www.iceditorial.com

ISBN: 978-84-1184-483-3
Depósito Legal: MA 2720-2024

Impresión: PODiPrint
Impreso en Andalucía – España

Nota de la editorial: IC Editorial pertenece a Innovación y Cualificación S. L.

Presentación del manual

El **Certificado de Profesionalidad** es el instrumento de acreditación, en el ámbito de la Administración laboral, de las cualificaciones profesionales del Catálogo Nacional de Cualificaciones Profesionales adquiridas a través de procesos formativos o del proceso de reconocimiento de la experiencia laboral y de vías no formales de formación.

El elemento mínimo acreditable es la **Unidad de Competencia.** La suma de las acreditaciones de las unidades de competencia conforma la acreditación de la competencia general.

Una **Unidad de Competencia** se define como una agrupación de tareas productivas específica que realiza el profesional. Las diferentes unidades de competencia de un certificado de profesionalidad conforman la **Competencia General,** definiendo el conjunto de conocimientos y capacidades que permiten el ejercicio de una actividad profesional determinada.

Cada **Unidad de Competencia** lleva asociado un **Módulo Formativo,** donde se describe la formación necesaria para adquirir esa **Unidad de Competencia,** pudiendo dividirse en **Unidades Formativas.**

El presente manual desarrolla la Unidad Formativa **UF1881: Resolución de incidencias en redes telemáticas,**

perteneciente al Módulo Formativo **MF0230_3: Administración de redes telemáticas,**

asociado a la unidad de competencia **UC0230_3: Administrar la infraestructura de red telemática,**

del Certificado de Profesionalidad **Administración y diseño de redes departamentales.**

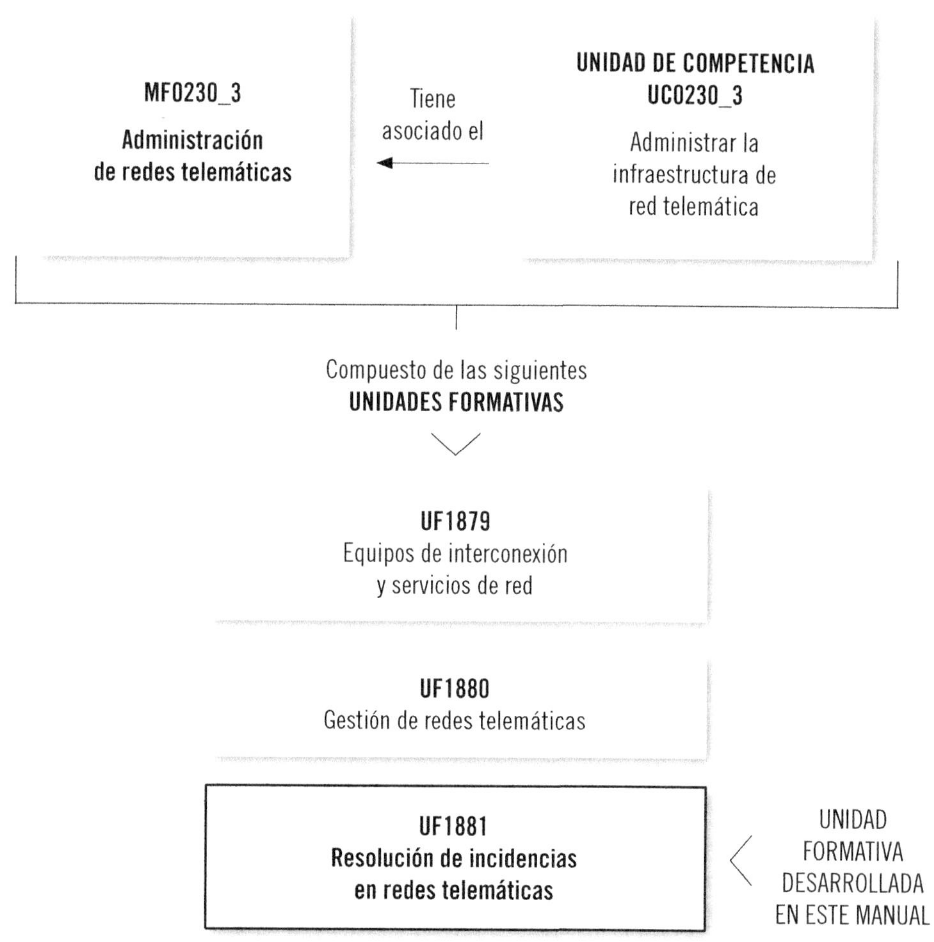

FICHA DE CERTIFICADO DE PROFESIONALIDAD

(IFCT0410) ADMINISTRACIÓN Y DISEÑO DE REDES DEPARTAMENTALES (R. D. 1531/2011, de 31 de octubre modificado por el R. D. 628/2013, de 2 de agosto)

COMPETENCIA GENERAL: Diseñar la arquitectura de comunicaciones de un entorno de complejidad media o baja, supervisar su implantación siguiendo el proyecto y administrar el sistema resultante, proporcionando la asistencia técnica necesaria.

Cualificación profesional de referencia	Unidades de competencia		Ocupaciones o puestos de trabajo relacionados:
IFC081_3 ADMINISTRACIÓN Y DISEÑO DE REDES DEPARTAMENTALES (R. D. 295/2004, de 20 de febrero)	UC0228_3	Diseñar la infraestructura de red telemática	• 2723.1014 Diseñador de red • 2721.1018 Administrador de sistemas de redes • Administrador de sistemas telemáticos • Administrador de redes y comunicaciones • Técnico de redes locales y telemática • Supervisor de instalación de redes • Técnico en diseño de redes telemáticas
	UC0229_3	Coordinar la implantación de la infraestructura de red telemática	
	UC0230_3	Administrar la infraestructura de red telemática	

Correspondencia con el Catálogo Modular de Formación Profesional

Módulos certificado	Unidades formativas	Horas
MF0228_3: Diseño de redes telemáticas	UF1869: Análisis del mercado de productos de comunicaciones	90
	UF1870: Desarrollo del proyecto de la red telemática	80
	UF1871: Elaboración de la documentación técnica	30
MF0229_3: Gestión de la implantación de redes telemáticas	UF1877: Planificación de proyectos de implantación de infraestructuras de redes telemáticas	50
	UF1878: Ejecución de proyectos de implantación de infraestructuras de redes telemáticas	70
MF0230_3: Administración de redes telemáticas	UF1879: Equipos de interconexión y servicios de red	70
	UF1880: Gestión de redes telemáticas	90
	UF1881: Resolución de incidencias en redes telemáticas	50
MP0396: Módulo de prácticas profesionales no laborales		80

Índice

Capítulo 1

Gestión de incidencias

Contenido

1. Introducción

Dentro de la administración de redes telemáticas, un tema realmente importante es realizar una buena gestión de incidencias, para tener una rápida solución a cualquier acontecimiento no esperado que ocurra con la red.

Esta gestión y posterior resolución de las incidencias dependerá del tipo de red con la que se esté trabajando, así como de sus dimensiones. Pero lo más importante a tener en cuenta es la criticidad de la red: los tiempos de respuesta y la inversión económica serán mayores o menores dependiendo especialmente de esta criticidad. Tanto es así que muchas empresas se están acogiendo a una serie de metodologías para la buena gestión de incidencias, empezando a ser clave en la empresa este tipo de estudios y su puesta en marcha. Así, se dan ejemplos como ITIL, muy usado actualmente y que muestra una metodología para hacer un uso eficiente de la gestión de incidencias. Este tipo de métodos se basa en el tratamiento de los eventos por capas y por conocimientos, de manera que se va filtrando el trabajo desde las capas más básicas a capas superiores en las que se requiere un nivel más alto de conocimientos y a las que llegarían problemas más complicados. Este tipo de tratamiento de incidencias es algo genérico que no se trata en particular solo en las redes telemáticas, sino que se trabaja a nivel general en cualquier tipo de gestión de incidencias y especialmente se está extendiendo en el área de las TI (Tecnologías de la Información).

Sirva como ejemplo la atención en los servicios públicos de emergencias sanitarias, en los que el paciente llega y se hace un primer estudio en una sala llamada *triage,* donde se valora si se debe escalar hacia arriba o no y, si se escala, a qué tipo de personal sería (médico general, ATS, especialista, etc.).

2. Definición del concepto de incidencia

Lo primero para poder estudiar y trabajar sobre incidencias es tener definido el término y qué es exactamente, porque hay una línea muy fina, que a veces es difícil que quede clara, entre incidencia y comportamiento habitual de las redes.

Según la Real Academia de la Lengua Española:

> *Incidencia: acontecimiento que sobreviene en el curso de un asunto o negocio y tiene con él alguna conexión.*

Esto se tendría que concretar en el caso de las redes telemáticas, pudiendo definirse como aquel acontecimiento extraordinario en el que se ven menguados o totalmente eliminados los servicios que ofrecen estas redes, siempre que no sea un hecho habitual, en cuyo caso sería de una manera completamente imprevista.

La incidencia se debe tratar de forma muy distinta a como se trataría cualquier otra circunstancia que se dé de forma habitual. Normalmente, es algo más complicado de corregir, ya que no es algo que se pueda tener tan protocolizado. En el caso de una incidencia, al ser algo no previsto, es más complicada de protocolizar.

Ejemplo

Todos los días a las 6 A. M., se realiza un *backup* de los sistemas que provoca una falta de servicio de la red. Esto no es una incidencia, es algo programado, que se conoce. En cambio, un día a las 11 A. M. hay una falta de servicio porque un servidor se ha desbordado y ha caído. En este caso sí es una incidencia y se trata de una forma distinta.

Actividades

1. ¿Por qué motivo es más complicada la gestión de incidencias que la de problemas habituales?

También es necesario saber diferenciar entre la gestión de incidencias y la gestión de problemas. La gestión de problemas busca la causa y la solución a una circunstancia determinada y, en cambio, la gestión de incidencias solamente busca la solución a esta circunstancia. Es decir, en ambos casos se puede tener la misma falta de servicio o reducción de este, pero la forma de afrontarla es distinta.

Por último, tampoco puede confundirse con la gestión de peticiones por parte del usuario cuando estas peticiones se refieren a nuevas funcionalidades o necesidades. A veces, también en este caso, la diferencia puede ser mínima y no distinguirse fácilmente. En este caso, la forma de distinguirlas sería teniendo en cuenta las especificaciones mínimas que se tenían en el diseño de la red o en sus análisis nuevos de distintas ampliaciones y, si con el servicio que se tiene en ese momento se cubren estas especificaciones, se considera una petición de ampliación, si no es una incidencia.

Recuerde

Existen la gestión de incidencias, la gestión de problemas y la gestión de peticiones de usuario. Aunque muy parecidas y aún haciendo uso de la misma metodología y de las mismas buenas prácticas, son distintas entre sí.

Concluyendo, se puede definir incidencia en redes telemáticas como aquel suceso que acaece de manera imprevista y que provoca que los servicios que ofrecen estas redes se vean cesados o menguados de manera que no se cubran los servicios mínimos estipulados que debe cumplir esta infraestructura y su resolución solo se enfoca a la restauración de estos servicios y no a la posterior búsqueda de la causa de este acontecimiento.

Por último, es muy importante especificar que, aunque las incidencias son realmente lo que se ha definido en este epígrafe, actualmente se realiza un uso mucho más extensivo de esta palabra en el mundo de las TI y redes en general.

Sabía que...

TI (Tecnologías de la Información) se refiere a las tecnologías en general. Las redes se encuentran dentro de este conjunto.

Actividades

2. Defina con sus propias palabras lo que es una incidencia.

Esto es debido a que las distintas metodologías, manuales de buenas prácticas y programas de gestión de incidencias han tenido una repercusión tan positiva en la optimización de la gestión y la resolución de incidencias que se ha extrapolado a otros ámbitos, como son la gestión de peticiones de usuario o los problemas que pueda tener cualquier sistema TI. Es por ello que se pueden encontrar empresas de gestión de incidencias aunque no se puedan considerar como tales. Por ejemplo: una persona llama para hacer una petición de un terminal telefónico y el operador que le atiende le da un "número de incidencia"; pues esto en sí no es una incidencia, pero en cambio se ha tratado como tal.

Importante

Aunque la definición de incidencia sea muy específica y concreta, en las empresas se ha extendido el uso de la gestión de incidencias para la gestión de estas, de problemas y de peticiones de usuario, así que en la práctica se hará así.

Imagine que está en una empresa de telefonía móvil y se encuentra en la primera línea de atención al cliente. Se van a describir dos llamadas típicas que se podrían dar. Clasifique el caso en el que la llamada recogida de un cliente sería una incidencia y el caso en el que sería una petición de usuario.

a. **Un usuario dice que cuando intenta navegar por Internet le da error e, investigando y preguntándole, averigua que las aplicaciones que utilizan Internet, como mensajería instantánea o redes sociales, tampoco funcionan.**
b. **Un usuario llama y dice que su terminal es muy antiguo y que no funcionan correctamente las aplicaciones, que desearía tener un terminal más moderno, acorde con las nuevas aplicaciones que hay.**

SOLUCIÓN

a. Esto sería una incidencia que, en primera instancia, se puede intentar resolver, porque puede haber un problema con el terminal del cliente, o bien escalarlo por si hay una incidencia con la red en general.
b. Esto sería una petición de usuario. Este servicio se puede dar o no, pero es una petición de usuario no una incidencia.

3. Enumeración de los objetivos de la gestión de incidencias

La enumeración de objetivos, en este caso, depende del punto de vista del que se mire, desde el impacto que tendría a la red, que sería el realmente importante, y desde el punto de vista de los recursos humanos que realizan este trabajo. Antes de enumerar los objetivos, es importante definir el Acuerdo de Nivel de Servicio (ANS) o, en su nomenclatura en inglés, que es la más comúnmente usada, *Service Level Agreement* (SLA).

El *Service Level Agreement* es un documento o acuerdo en el que se especifican los requisitos mínimos que debe cumplir el servicio contratado entre cliente y proveedor. Debe garantizar la calidad mínima de los servicios contratados necesaria para el cliente.

La gestión de incidencias tiene como objetivo principal que una incidencia se resuelva lo más rápido y con el menor impacto sobre los servicios que soporta la red posible. De aquí podemos enumerar una serie de objetivos que se deben cumplir para lograr esto:

- Detección temprana del incidente: claramente, cuanto más pronto se detecta el incidente, menos tiempo debe tener la falta de servicio, siempre y cuando se actúe inmediatamente. Pero también se ha de tener en cuenta que es habitual que, cuanto más se prolonga en el tiempo cualquier mal funcionamiento de una red, el impacto negativo sobre los servicios que proporciona suele crecer exponencialmente, es decir, que casi siempre empeora en otros aspectos también.
- El servicio se debe restablecer de la forma más rápida posible. Así, la falta de servicio total o parcial, pero que no cumpla unos mínimos establecidos, deberá de prolongarse en el tiempo lo mínimo posible.
- Se debe asegurar el cumplimiento del SLA *(Service Level Agreement).*
- Estimación del nivel de impacto de los incidentes y su posible propagación. Así, si la solución al problema no es inmediata y se tiene que hacer un estudio más exhaustivo, se debe intentar que este no afecte a otros posibles servicios y no se propague mientras se realiza este estudio.
- Si es posible, ofrecer una alternativa al cliente para que pueda seguir operando, una solución temporal o parcial, a pesar de esta falta de servicio.
- Y, por supuesto, una resolución de este incidente de manera permanente.

Recuerde

Una incidencia es un suceso que acaece de manera imprevista y que provoca una merma o cese de los servicios que ofrece una red telemática.

Actividades

3. Enumere los objetivos a conseguir en la gestión de incidencias.

Esto es lo que se desea en una buena gestión. Pero, para conseguirlo, hay que tener en cuenta los siguientes objetivos que debe cumplir el equipo humano que realiza esta labor:

- Detectar cualquier alteración o mal funcionamiento en la red. Realizar una monitorización periódica. Esta periodicidad dependerá del tipo de contrato de SLA que se tenga para esa red y esos servicios en concreto.
- Seguimiento proactivo de la red, por parte de los recursos humanos. Además de la monitorización programada, se debe tener en cuenta el hecho de que una persona puede realizar una detección distinta, proveniente, generalmente, de su experiencia, y que difícilmente se puede

mecanizar, por lo que se debe hacer un seguimiento de esta percepción humana.

- Optimización de los recursos disponibles, tanto humanos como tecnológicos. Dentro de esto, se debe tener en cuenta que se realice una asignación adecuada de los distintos recursos.

Objetivos a conseguir por la empresa gestora

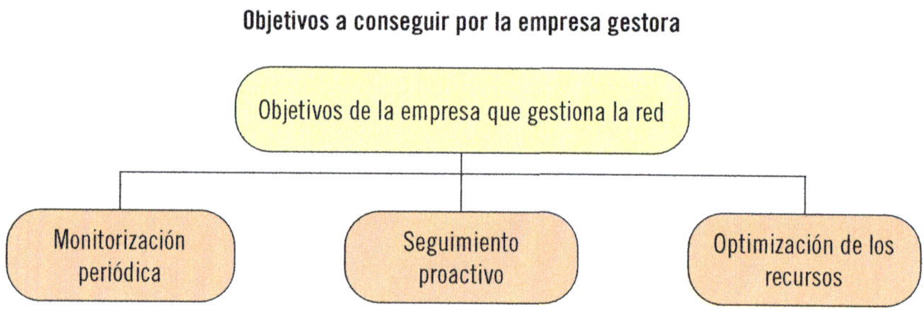

Por último, como muchas metodologías recomiendan y para hacer un uso eficiente de esta gestión, debe haber una serie de acciones paralelas o posteriores a la gestión y resolución de este incidente que mejoran la calidad de este trabajo y la optimización en posibles futuros eventos, tanto iguales como similares. Para esto, se recomienda perseguir los siguientes objetivos:

- Realizar un seguimiento de la red para asegurar que la operabilidad es correcta y que no ha quedado alguna fractura en esta, a pesar de que el servicio se hubiese reestablecido.
- Mantener una base de datos en la que se registre cada incidente y todos los datos que conlleva, siendo importante registrar:
    - Hora del incidente.
    - Hora de la detección.
    - Falta o reducción del nivel de servicio causado.
    - Tiempo total desde la caída del servicio a la restauración parcial.
    - Tiempo total desde la caída del servicio a la restauración completa (esta a veces coincide con la anterior).
    - Recursos utilizados.
    - Descripción completa de la solución parcial.
    - Descripción completa de la solución total.

- Monitorización de la red periódica, introduciendo un nuevo posible chequeo si fuese necesario, para evitar que vuelva a ocurrir un nuevo incidente del mismo tipo.

Objetivos de seguimiento y enumeración de algunos de los campos de la Base de Datos

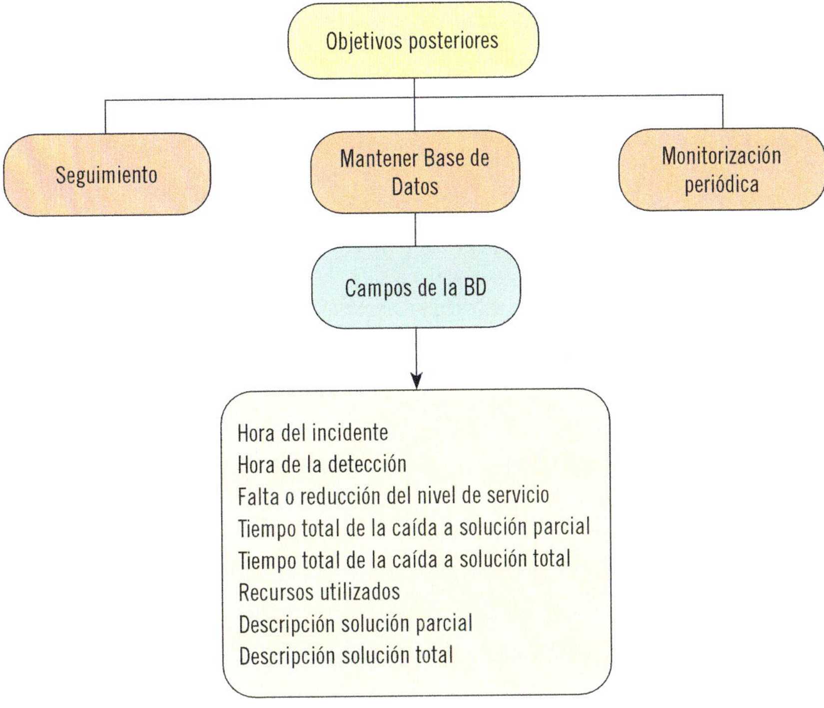

Actividades

4. Realice una base de datos que pueda servir posteriormente para un posible ejercicio de gestión de incidencias en redes telemáticas, poniendo todos los campos especificados en él.

Trabaja en un equipo de administración de redes de una empresa de venta de ropa por Internet a nivel internacional. Le llaman porque ha dejado de funcionar la red de la tienda, así que no pueden acceder al correo electrónico ni al pago por *PayPal,* pero sí navegan correctamente por Internet. En el SLA, entre otras cosas, concretan que el pago por Internet es crítico. Dos compañeros suyos discuten si lo tienen que arreglar todo a la vez o una cosa y después otra. ¿Qué haría? ¿Cuáles serían los objetivos principales?

SOLUCIÓN

Si en el SLA se especifica que el pago por Internet es crítico, entonces lo importante es centrarse en la red que lleva el pago por *PayPal.* Por los datos, es muy probable que sean problemas independientes, porque aún así sigue habiendo Internet. Tiene que estudiarse cuánto tiempo lleva sin servicio esta red y realizar los pasos de la investigación y la solución. Si es tan crítica, se tiene que estudiar un posible arreglo temporal.

Los objetivos principales, en orden, serían:

- Dar prioridad a la red crítica.
- Restaurar la red por *PayPal.*
- Restaurar la red de correo electrónico.
- Realizar pruebas.
- Confirmar al cliente.

4. Identificación y descripción de las actividades

Para empezar a adentrar este manual en la parte práctica, se tiene que describir la consecución de actividades que se llevarán a cabo. Para ello, se siguen una serie de pasos a tener en cuenta. La gestión de incidencias, su metodología y su normalización, están siendo muy estudiadas y protocolizadas actualmente y se están obteniendo muy buenos resultados. Es por este motivo que, a la hora de recibir y tratar una incidencia, se han de seguir los caminos descritos en los distintos métodos y programas. No seguir estos caminos lleva a una mala gestión y a no conseguir los resultados esperados.

Importante

Las empresas cada vez hacen más uso de las metodologías y manuales de buenas prácticas para el tratamiento de la gestión de incidencias, ya que este tipo de gestión está dando muy buenos resultados.

También es importante tener en cuenta por qué vías se puede notificar una incidencia. Aquí se listan las más comunes:

- **Por el propio usuario:** bastante común, ya que, al ser el que hace uso de la red, es el que puede percibir la falta o mengua de servicio más rápidamente. Informaría al equipo que administra la red para la posible solución parcial o total.
- **Por un técnico o persona administradora de la red:** si se realizan chequeos y monitorizaciones frecuentes e incluso si hacen también uso de la red.
- **Por un sistema automático:** existen diversos sistemas de monitorización automática y gestión de redes. Estos sistemas avisan de un fallo a las personas que se encargan de administrar las redes o incluso realizan una acción programada para la posible solución.

Notificación de incidencias

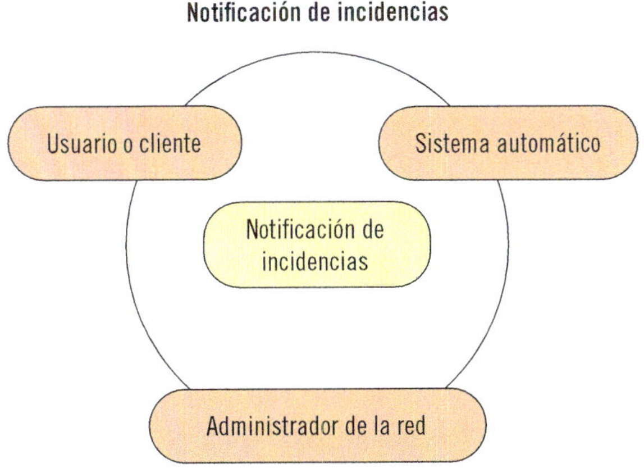

En el siguiente flujograma, se detallan las actividades que se describen en este epígrafe. Está en inglés, que, en el mundo de las redes telemáticas y en las TI en general, es el idioma en el que suelen estar escritos los manuales, por lo que es conveniente familiarizarse con el vocabulario.

Flujograma de las actividades realizadas en la gestión de incidencias

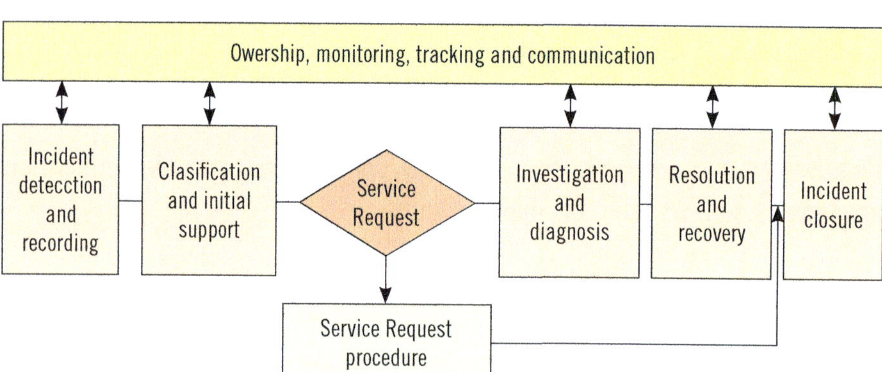

Actividades

5. Enumere quién puede notificar una incidencia. ¿Podría darse el caso de que la notifique alguien distinto a los enumerados? Razónelo.

4.1. Identificación

Para poder saber lo que se debe tratar como incidencia, lo primero es saber identificarla, algo que no es obvio aunque lo parezca. Es importante tener en cuenta para esta identificación lo siguiente:

- Conocer su definición.
- Saber cuáles son los requisitos mínimos de funcionamiento de la red que se está administrando. Así pues, será necesario tener las especificaciones que se acuerdan a la hora de diseñar la red y en las que se

establecen estos requisitos mínimos de continuidad y calidad del servicio (SLA o ANS). En este caso, estas especificaciones es conveniente que se conozcan a todos los niveles de gestión, tanto a primer nivel como a niveles jerárquicos superiores.
- En caso de duda, serán los recursos humanos según jerarquía los que decidan si debe tratarse como tal, es decir, si se considera incidencia y de qué tipo es.

Con todo esto, se debería conocer e identificar el evento que llega y ser capaz de clasificarlo como incidencia o no.

Pero, a pesar de todo lo explicado anteriormente, hay una cosa más importante a tener en cuenta: lo que realmente delimita e identifica una incidencia es lo que el grupo de trabajo o las personas que administran esta gestión de incidencias consideran como tal. Tanto es así que, en la actualidad, se ha generalizado el tratamiento de incidencias a otras facetas de las TI.

Una vez que se considera el evento en concreto como una incidencia, normalmente se le asigna un número identificativo y se sigue con el proceso.

Recuerde

En la actualidad, la gestión de incidencias se usa para tratar todo tipo de eventos en la red, por su alta eficacia y buenos resultados.

4.2. Registro

Se registra un incidente cuando se guarda en una base de datos, programa web o cualquier herramienta usada para este fin. El hecho de registrarlo se considera de vital importancia en metodologías, manuales de buenas prácticas y programas de gestión actualmente. Esto es así por varios motivos:

- Para poder monitorizar la progresión de la incidencia.
- Ayuda al diagnóstico de los que aparecen nuevos.
- Se pueden priorizar y, al estar registrado, no se pierden los menos importantes.
- Si se da un número grande de llamadas, se puede hacer una estadística del impacto que causa.
- Se evita una posible concurrencia a la hora de la resolución y se da una mejor gestión.

Al registrar una incidencia, se observan los siguientes pasos:

- Relacionar en la herramienta de registro el número o la identificación asignada. Puede ser que el sistema lo haga automáticamente.
- Registro de la información básica por la que se ha detectado el posible fallo, falta o reducción de servicio.
- Posteriormente, se van detallando, si es posible, las acciones requeridas para la solución, dentro del mismo sistema de registro.

Actividades

6. En la base de datos que se realizó anteriormente, realice la entrada de una incidencia. Suponga que un cliente llama y dice que no puede acceder a su correo electrónico. Invéntese los datos que daría el cliente, como los tiempos, la criticidad, etc.

4.3. Clasificación

Para poder tratar y resolver una incidencia, es importante hacer una buena clasificación de esta, para posteriormente priorizarla y escalarla. Para esto, el personal que recibe la incidencia debe conocer las especificaciones de la red. Así, para poder clasificarlo, debe tener un análisis previo, aunque no sea exhaustivo. Esto será clave para la posterior priorización.

La clasificación del incidente depende de muchos factores y se deben consensuar por el grupo de trabajo. Así, se puede clasificar según:

- **Área de impacto:** a qué clientes afecta (puede ser una red local, una red de clientes), a qué servicios, etc.
- **Nivel de impacto:** es muy importante conocer el impacto que tendrá sobre los clientes y los niveles mínimos estipulados. Así, si afecta a una subred muy amplia, no será igual que a una pequeña dentro de la misma red.
- **Categoría:** está bastante interrelacionada con el nivel de impacto. Se refiere al tipo de servicio que se deja de dar cuando ocurre la incidencia. Hay servicios más críticos y servicios menos críticos.
  Ejemplo: dentro de una empresa de venta de una tienda de deportes por Internet, tienen servicio de correo electrónico, tienda *on-line* y acceso a proveedores. El impacto que tiene una caída temporal de la tienda en sí, la que se dedica a la venta *on-line,* es mayor que la caída al acceso a proveedores, ya que el coste de imagen es importante y si los clientes no pueden acceder a la página se puede, aparte de perder esa venta, dar una mala imagen que repercutirá en ventas posteriores. Sin embargo, el acceso a proveedores no es urgente en el tiempo, porque se puede acceder más tarde sin una alta repercusión para el negocio.
- **Urgencia:** aunque a veces las incidencias no son tan importantes, sí se puede encontrar que sean urgentes, porque aunque el servicio que falla no sea crítico, puede ser algo que se debe resolver en el momento, porque causa otro tipo de perjuicios en el servicio que hacen que se tenga que considerar una cierta urgencia en la resolución.
- **Estado actual:** el estado puede ir cambiando en el tiempo. Puede cambiar la prioridad o la urgencia de una gestión de incidentes a lo largo del tiempo, por las acciones que se vayan haciendo. Por ejemplo: si se ha dado una solución temporal en la que se restaura el servicio, la clasificación y la prioridad de la incidencia cambia. Así que depende del estado en que se encuentre en ese momento.

Aunque estos son los principales factores para la clasificación de una incidencia, puede haber más que la empresa o el personal encargado consideren. Depende mucho del tipo de empresa y de la red a gestionar. Por ejemplo:

puede haber una clasificación por áreas de trabajo, porque sea una empresa grande que tenga grupos que se dediquen a distintas cosas.

Ejemplo

Normalmente, en las grandes empresas suele haber departamentos que se dedican al *hardware* y al *software* de las redes y de los sistemas independientemente, aunque, por supuesto, tienen que interrelacionarse y trabajar conjuntamente en muchos casos. Esta sería otra posible clasificación de las incidencias.

Por último, cabe señalar que la clasificación de las incidencias es algo que se mantiene vivo durante la gestión y la resolución, es decir, es algo que va cambiando según se va tratando la incidencia.

Actividades

7. Piense y razone una posible clasificación más concreta que las descritas aquí, que podría ser necesaria para una posible incidencia de una red en una empresa privada que trata con datos médicos de clientes.

4.4. Priorización

Una vez clasificada la incidencia, el siguiente paso es priorizarla y depende mucho de la clasificación que se haya hecho, así que depende de la del área de impacto, del nivel de impacto, de la categoría, de la urgencia y del estado actual.

Para poder priorizar correctamente una incidencia, son realmente importantes dos cosas:

- **Impacto:** con este parámetro se mide el efecto que tiene el incidente en la red y en todas las aplicaciones que conlleva.
- **Urgencia:** medida para conocer qué tiempo tarda en tener un efecto negativo en las aplicaciones de la red y en el negocio en general la incidencia.

Así, la prioridad estará basada en este impacto y en esta urgencia, porque, dependiendo de ellos, será más o menos prioritario su escalado y su resolución.

Como se prioriza un incidente

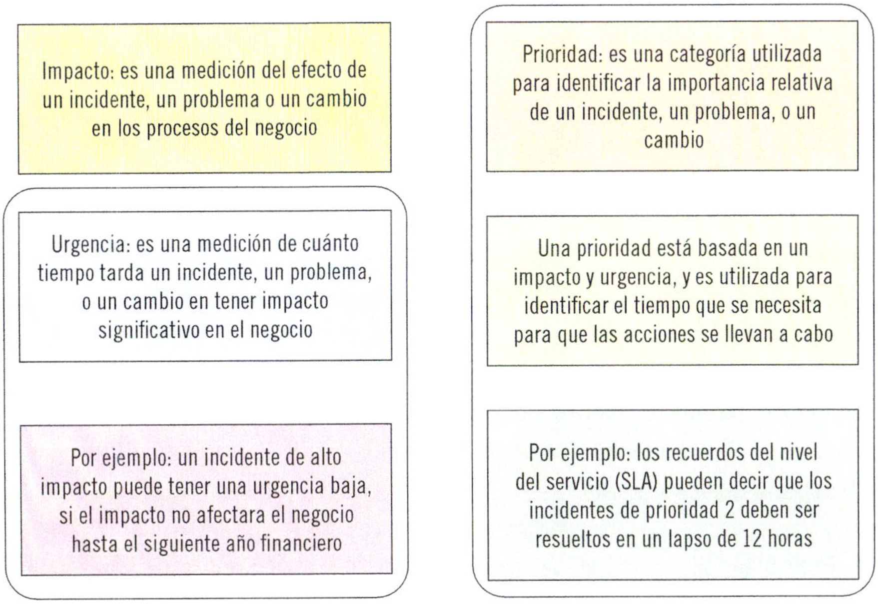

Impacto: es una medición del efecto de un incidente, un problema o un cambio en los procesos del negocio

Urgencia: es una medición de cuánto tiempo tarda un incidente, un problema, o un cambio en tener impacto significativo en el negocio

Por ejemplo: un incidente de alto impacto puede tener una urgencia baja, si el impacto no afectara el negocio hasta el siguiente año financiero

Prioridad: es una categoría utilizada para identificar la importancia relativa de un incidente, un problema, o un cambio

Una prioridad está basada en un impacto y urgencia, y es utilizada para identificar el tiempo que se necesita para que las acciones se llevan a cabo

Por ejemplo: los recuerdos del nivel del servicio (SLA) pueden decir que los incidentes de prioridad 2 deben ser resueltos en un lapso de 12 horas

Pero, además, para priorizarla, se deben tener en cuenta los siguientes factores:

- **Concurrencia:** es importante conocer qué otros incidentes se están dando en el mismo momento, esto hará que la gestión de la incidencia sea inmediata o no.

- **Recursos disponibles:** dependiendo de los recursos tanto humanos como tecnológicos disponibles en el momento de la recepción de la incidencia, se priorizará más o menos.
- **Posibles problemas derivados** de este incidente que puedan llevar a algo más grave: si en un primer análisis se puede prever que, si no se soluciona en un tiempo razonable, puede ocurrir algo más grave.

Pero, para priorizar la incidencia, lo más importante es la clasificación inicial.

También hay que tener en cuenta que la priorización de un incidente puede ir cambiando con el tiempo, porque los factores que lo determinan también varían.

4.5. Diagnóstico inicial

Una vez que se tiene clasificada y priorizada una incidencia, se debe hacer un estudio inicial para poder realizar un diagnóstico. En las metodologías y manuales de buenas prácticas para la gestión de incidencias, se describen distintos niveles para esta gestión. Así, dependiendo de la gravedad y complejidad de un incidente, hay distintos recursos técnicos y especialmente humanos para manejar el asunto. Por lo tanto, es importante realizar este estudio inicial. Para esto, los recursos humanos, que están en el primer nivel de atención al incidente, deben tener unos mínimos conocimientos de herramientas y metodologías y, por otro lado, de la organización y definición de la red para realizar un estudio básico inicial.

Este diagnóstico inicial vendrá dado por el departamento que se encargue de recibir la incidencia en primera instancia. En las metodologías actuales y en los manuales de buenas prácticas se describe el departamento ***Service Desk*** o **Centro de Servicio al Usuario (SD).** Este realizaría normalmente este diagnóstico inicial, para así poder escalarlo al departamento correspondiente. Este departamento es de vital importancia en metodologías como ITIL.

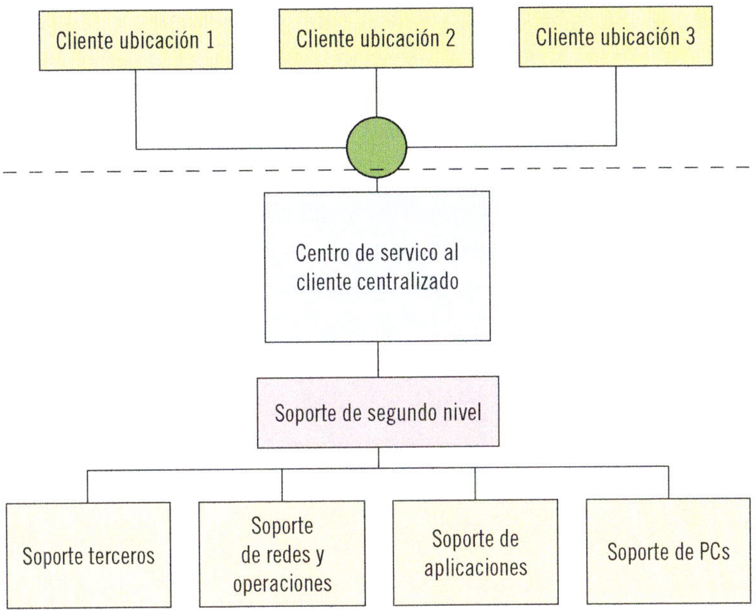

Definición

Service Desk **o Centro de Servicio al usuario (SD)**
Primer nivel de atención al usuario en metodologías y manuales de buenas prácticas como ITIL.

4.6. Escalado

Es conveniente tener distintos niveles para la gestión de incidencias, de problemas y/o de peticiones de usuario. De esta manera, será mucho más eficiente el trabajo y la gestión sobre estos. Así pues, una vez clasificada, identificada, registrada y priorizada la incidencia junto al diagnóstico inicial, se puede empezar a trabajar sobre ella para buscar una posible solución.

Dependiendo de la dificultad y la repercusión que haya tenido el posible fallo sobre la red y, por consiguiente, sobre los servicios que esta ofrece, se podrá resolver en el primer nivel, sobre todo si hay una base de datos en donde se registren todos los fallos anteriores o actualizaciones. Si es posible, se arreglará y, si no, se escalará a otro nivel.

De esta manera, habrá distintos niveles, especialmente de recursos humanos, con distintos campos de conocimiento. Si el problema no se puede resolver, se deberá redirigir la gestión a niveles más avanzados de conocimiento o a áreas distintas dentro de la misma organización.

En la siguiente imagen, se puede observar un flujograma de cómo se realiza el escalado de incidencias a distintos departamentos o distintas jerarquías. Así, si un incidente es analizado y al final no se consigue resolver, se tendrá que estudiar el caso de escalarlo a un departamento distinto:

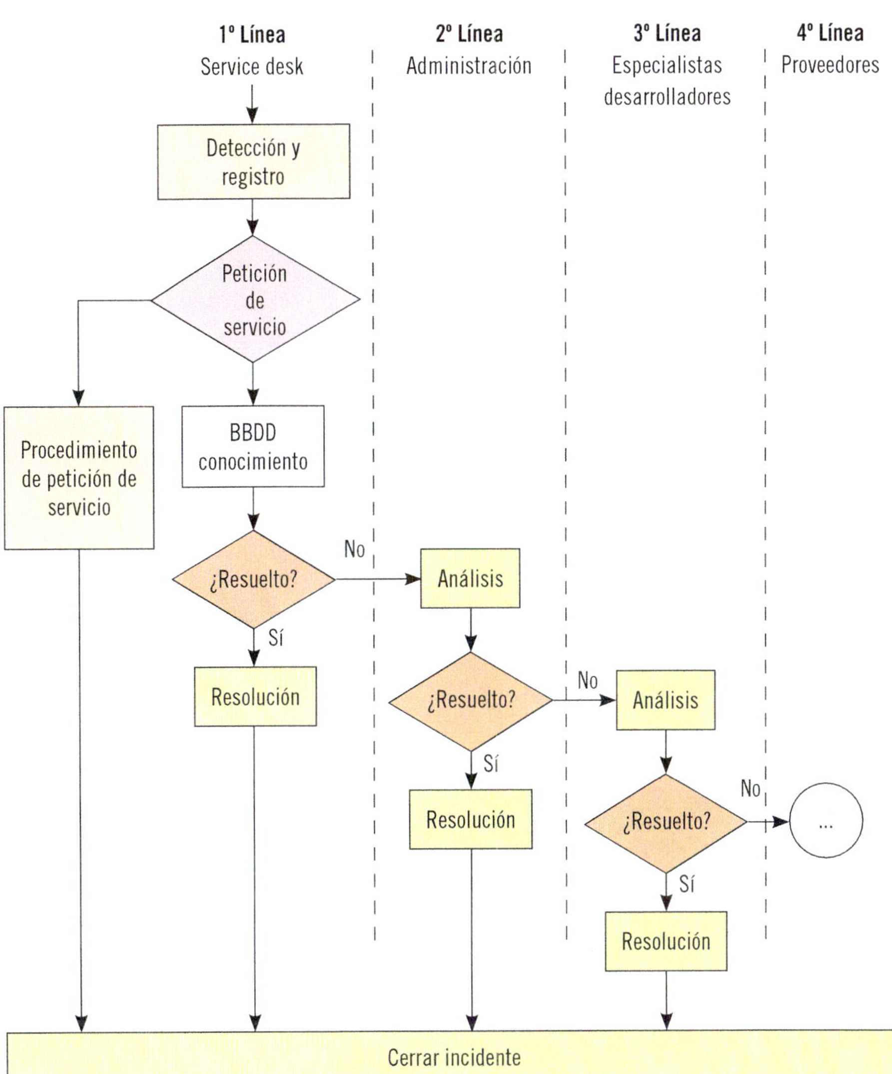

4.7. Investigación y diagnóstico

Una vez que ya está clasificada la incidencia y en el departamento adecuado, se debe empezar a trabajar con ella. Evidentemente, este trabajo debe ser realizado por el personal competente y depende de la naturaleza y del impacto de la incidencia.

Por eso, aunque parezcan tediosos y trabajosos todos los pasos que se han dado al recibir la incidencia, es importante hacerlos, porque de una buena clasificación (contando con el registro, identificación, etc.) depende que la investigación y el diagnóstico se realicen en el lugar adecuado. Y esto al final reduce tiempo y costes.

Esta fase se puede repetir varias veces, hasta que se acerque al resultado esperado u óptimo.

Para esta fase, hay que tener en cuenta que los problemas se pueden derivar de muchas causas:

- Puede haber un problema *hardware* en la red.
- Puede ser un problema *software* de la red.
- Puede haber un error de documentación.
- Puede ser un error humano.
- Puede ser un error del procedimiento.
- Puede ser un error de la infraestructura.

Lo que sí que hay que tener en cuenta es que, aunque en principio no parece obligatorio, es importante tener una documentación y una base de datos sobre lo que ocurre. Todos los manuales lo recomiendan fehacientemente. Esto es porque, aunque no sean las mismas incidencias las ocurridas cada vez, es muy útil conocer otras parecidas y ver cómo se han resuelto.

Importante

Los pasos anteriores al diagnóstico (clasificación, diagnóstico inicial, escalado, etc.) son realmente importantes, porque de ellos depende que esta investigación se realice en el departamento adecuado, reduciendo tiempos y costes innecesarios.

Si el departamento inicial o el departamento o personal al que se ha escalado la incidencia no consiguen realizar un diagnóstico completo porque no les compete lo que pasa, se realiza el estudio y, con una justificación, se puede escalar a otro departamento superior o de otra especialidad, dependiendo del diagnóstico al que se haya llegado después de la investigación.

Investigación en los distintos departamentos

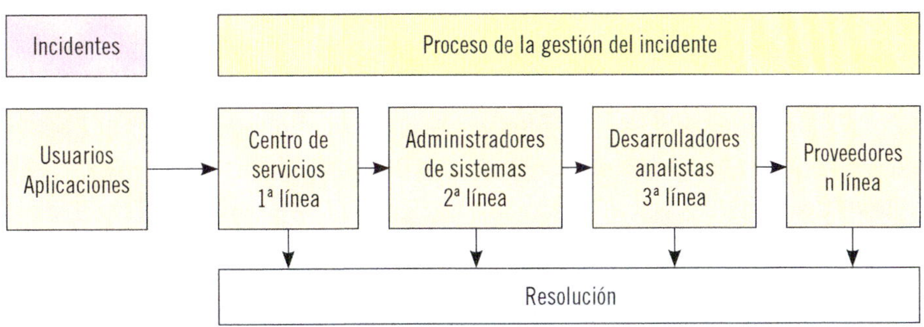

4.8. Resolución y recuperación

En esta fase, se le da al cliente una solución al problema. Cuando se ha determinado la causa, es más fácil llegar a esta solución. En algunas metodologías, a esto le llaman error conocido. Hasta el momento de la investigación, hay un error y no se sabe lo que es, por lo que no se le puede dar una solución. Cuando se realiza la investigación y el diagnóstico y se pasa a esta fase, hay que tener ya un error conocido que se pueda solucionar.

Definición

Error conocido

En las metodologías de gestión se usa este término para definir un problema cuya raíz ya se conoce, y ya se puede dar una solución aunque sea temporal.

Pero también se puede llegar a esta fase antes de tener un diagnóstico bueno. Hay casos en que, dependiendo de las especificaciones pactadas con el cliente y del impacto de la incidencia, se debe dar una solución temporal, aunque no sea totalmente correcta. Esto ocurrirá cuando la solución definitiva requiera de más tiempo de trabajo, de una actualización completa o de algo más complejo. Habrá que tomar una serie de medidas, entre ellas esta solución temporal. Evidentemente, se sabrá cuál es el error (será un error conocido también), pero la solución no será tan evidente.

Tanto en el caso de haber dado una solución temporal como el caso en el que se da la solución definitiva, se debe recuperar en la medida de lo posible la red y los sistemas que dependen de esta y, por supuesto, avisar al cliente para que pueda hacer uso de la red, dentro de las posibilidades que le ofrezca esta solución.

Otra cosa a tener en cuenta es que, en la mayoría de los casos, sobre todo en las grandes empresas, que son las que suelen trabajar con las metodologías de la gestión de incidencias, el departamento en el que se gestiona la solución a este error de la red es probablemente un departamento distinto al que ha trabajado hasta este punto en las actividades anteriores. Por este motivo, es importante tener todo muy bien estudiado y documentado, para no crear posibles retrasos en el proceso completo.

4.9. Cierre

Para cerrar la gestión de una incidencia, hay que tener en cuenta distintos aspectos. No se puede cerrar a no ser que se tenga absolutamente claro que ha sido solucionada y el personal de resolución y recuperación den el visto bueno sobre la puesta en marcha de la red de manera que cumpla completamente los requisitos de las especificaciones.

Así, las actividades que habría que tener en cuenta para el cierre de una incidencia serían:

- Tener el visto bueno de los departamentos o personas que han dado el diagnóstico y la solución de la incidencia.

- Informar al cliente de la solución y recuperación de la red y de los servicios prestados por esta. Informar del fallo y de la solución y explicarle si puede volver a darse o no.
- Repasar toda la información que conlleva esta gestión de la incidencia. Comprobar que se han dado todos los pasos que se han descrito. Comprobar que todo el personal puede estar informado del desarrollo y tiempo de vida de la incidencia.
- Registrar toda la información que no haya sido registrada, sobre el diagnóstico, la investigación la resolución y el cierre. Este paso es muy importante para la optimización de posteriores incidencias o problemas que surjan, bien por esta misma incidencia o bien por otras distintas y nuevas.
- Informar a los departamentos que se encargan de la mejora de la calidad y el estudio de posibles errores, por si es necesaria una posterior investigación para evitar que vuelva a ocurrir.

Cierre de la gestión de incidencias

No se debe dejar una incidencia abierta si se ha resuelto, porque esto puede llevar a errores, a pérdida de tiempo y a costes innecesarios. Hay un caso excepcional en el que se puede cerrar una incidencia sin haberla resuelto completamente, si se da el caso de que después del estudio e intento de solución del error de la red se llega a la conclusión de que no se puede solucionar ese error en concreto. Se cerraría la incidencia y se registraría como sin posible solución o quizá la solución sería un cambio o una actualización completa de la red y así se especificaría en el cierre.

Actividades

8. ¿Qué habría que tener en cuenta para el cierre de una incidencia?

5. Explicación y ejemplificación del flujo del proceso

Se ha descrito todo el proceso que seguiría una incidencia. En el siguiente gráfico, se concreta cómo se realiza toda la gestión.

Flujo de proceso de la gestión de incidencias

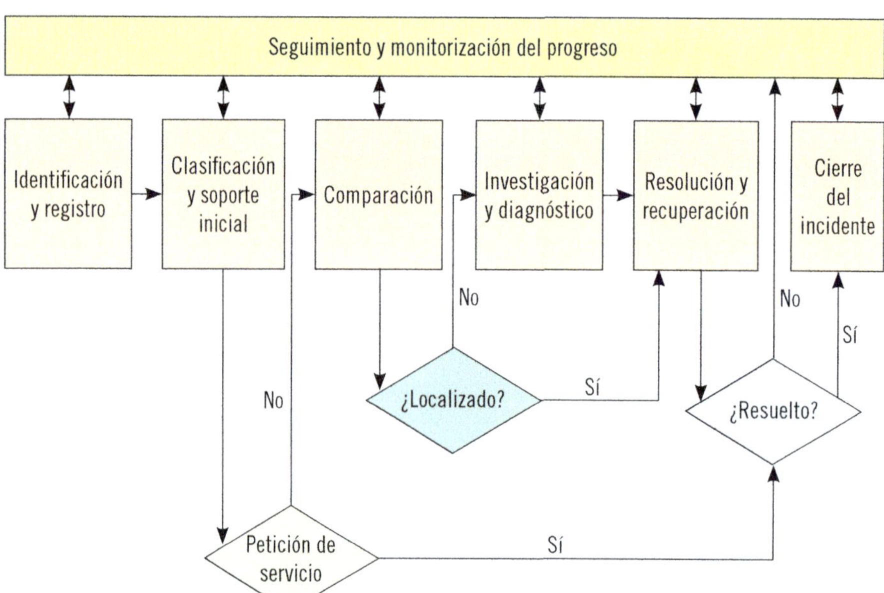

Aquí se puede ver gráficamente en qué consiste todo el proceso de la incidencia. Se ven todos los pasos que sigue la incidencia. Dentro el escalado, se puede hacer en distintas partes, después de la clasificación y el soporte inicial, en la fase de investigación y diagnóstico, tanto antes como después, si no se llega a una conclusión, etc.

Si se estudian métodos concretos, se centra el estudio en la **metodología ITIL,** que es la que se utiliza actualmente para gestión de todo tipo de eventos, incidencias, problemas, peticiones del usuario, etc. ITIL va más allá y describe una metodología que abarca toda la gestión de la empresa en general, financiera, de configuración. Pero, centrándose en el objetivo de este manual, la parte de ITIL que interesa es la que gestiona incidentes y también, porque al final el incidente puede formar parte de otros grupos como gestión de problemas, peticiones de usuario y la genérica, que abarcaría todos estos conceptos, que sería la gestión de eventos en general.

A continuación, se describe el flujo de tratamiento de eventos para tener una visión generalizada de cómo se trataría la incidencia usando ITIL:

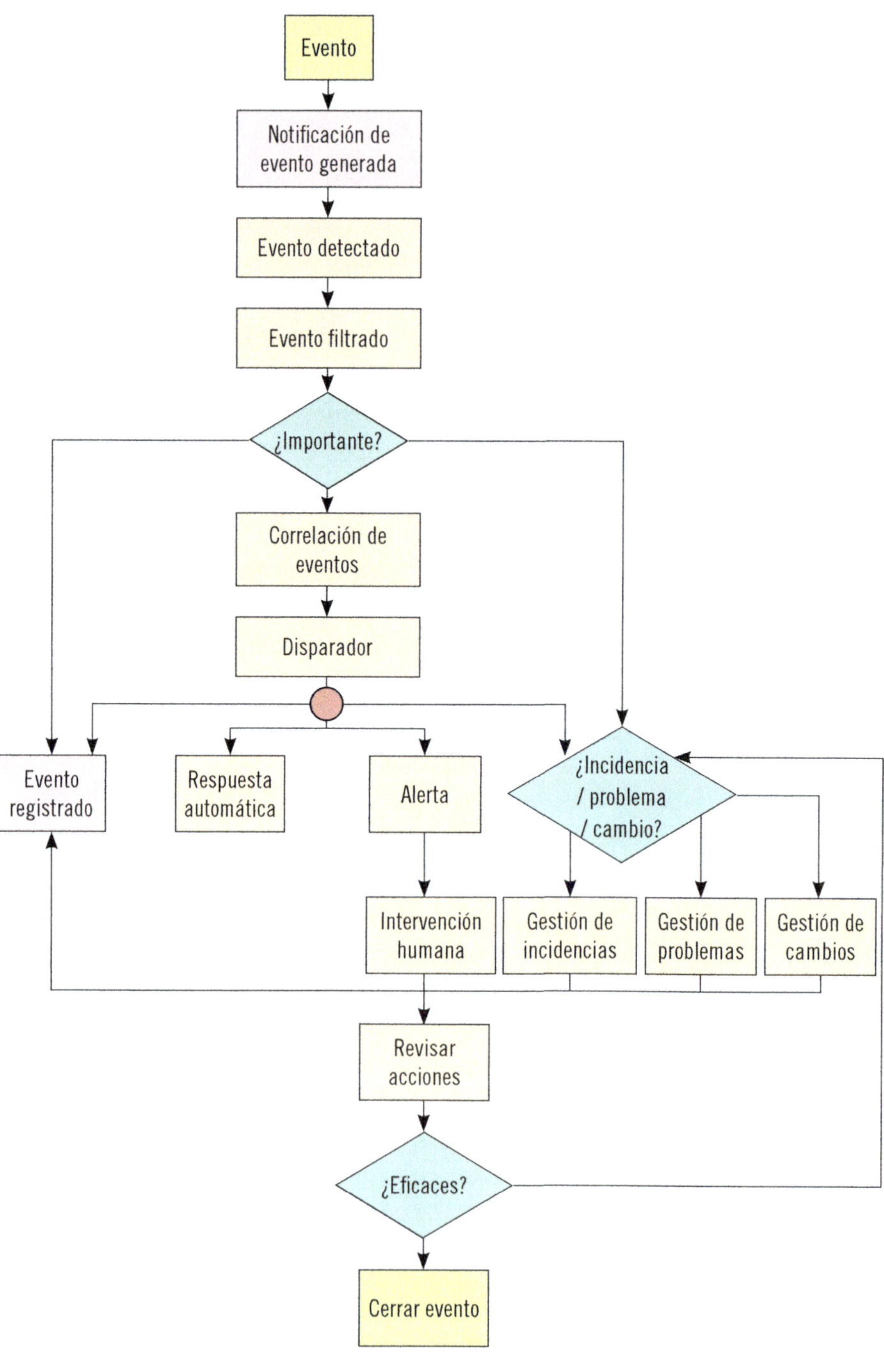
Tratamiento de un evento en ITIL
Evento
Notificación de evento generada
Evento detectado
Evento filtrado
¿Importante?
Correlación de eventos
Disparador
Evento registrado
Respuesta automática
Alerta
¿Incidencia / problema / cambio?
Intervención humana
Gestión de incidencias
Gestión de problemas
Gestión de cambios
Revisar acciones
¿Eficaces?
Cerrar evento

Definición

Evento
Cualquier suceso que pueda ocurrir fuera de lo habitual. Concretando al tema que nos ocupa, evento es el término generalizado que se refiere a cualquier incidencia, problema, petición, etc.

Se puede observar que el tratamiento es parecido al descrito. En realidad, todo este proceso se realiza para una incidencia en concreto. Pero, antes de saber qué es una incidencia, se realizan esta serie de acciones para luego tratarlo como incidencia o problema.

También se describe lo que suele hacerse posteriormente, que es considerarlo como un problema para poder dar una solución permanente y registrarlo.

Al final, la gestión de eventos describe la gestión de cada evento particular (gestión de incidencias, gestión de problemas, peticiones de usuario, etc.), que, como se ha dicho, se generaliza actualmente en las empresas y se trata de manera conjunta.

Pero, concretando un poco más, es posible ver un gráfico, que se puede encontrar en casi cualquier manual de ITIL, que describe bastante bien y gráficamente la metodología y el manual de buenas prácticas descrito aquí:

Gestión de incidencias y problemas en ITIL

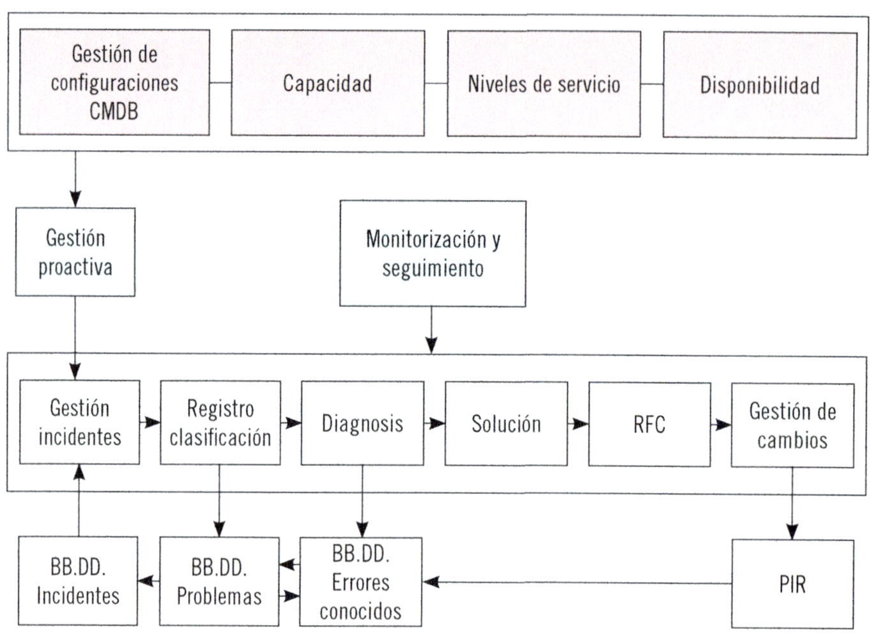

Se puede observar cómo se realizaría todo el proceso en ITIL. En este caso, ITIL trabaja conjuntamente con incidentes, problemas y errores conocidos, así que en la metodología se encontrarán las Bases de Datos de todos estos eventos. Se puede ver cómo van pasando por todas estas fases, que son iguales o muy similares a las descritas aquí, pero con la definición ITIL.

Definición

RFC

Request For Comments. Documentación que se asocia a algún cambio o nuevos conceptos, normalmente usados en las TI.

PIR

Revisiones post implementación y seguimiento que se le realiza a una solución dada.

Continúa en página siguiente >>

<< Viene de página anterior

CMDB

Configuration Management Data Base o Base de Datos de Gestión de Configuración. Contiene cada elemento de configuración de cualquier ítem de las TI con todos sus detalles relevantes. Esencial en metodología ITIL.

En ITIL, se considera de vital importancia el *Service Desk* o Centro de Servicio al Usuario (SD), que es la primera toma de contacto del cliente con la empresa, el único punto de contacto con este. Dependiendo de la organización, el SD será más o menos grande y con más o menos capacidad de resolución de las incidencias.

En todo caso, si puede resolver la incidencia, lo hace y, si no, la escalaría, pero realiza un trabajo importante dentro de la organización y la gestión de incidencias estará muy interrelacionada con el SD, además de con la gestión de problemas y la gestión de cambios.

El flujo sería el siguiente, centrándose en la incidencia y no yendo más allá de la metodología ITIL (que es bastante amplia): un usuario llama al *Service Desk* para informar sobre dificultades con su conexión a un servicio que le ofrece la red gestionada, por ejemplo el acceso a la compra en una tienda *on-line.*

El proceso de **Gestión de Incidencias** es responsable de tratar la incidencia según lo establecido:

- Registrar la Incidencia.
- Clasificarla.
- Establecer prioridades.
- Realizar el escalado identificando los roles necesarios para resolverla.
- Realizar el seguimiento y coordinación durante todo su ciclo de vida.
- Informar al cliente o usuario sobre el progreso de la misma.

Este proceso, si es necesario, se involucra posteriormente a la gestión de problemas y a la gestión de cambios, por si es preciso hacer un cambio definitivo para una solución también definitiva.

Actividades

9. Describa un Service Desk que le resulte familiar y que haya utilizado en alguna ocasión.
10. Investigue en Internet sobre la metodología ITIL, empresas que lo utilizan y sus opiniones. Realice un listado.

6. Ejemplificación de indicadores y métricas

Para poder llevar a cabo toda la metodología descrita, en algún momento habrá que concretar cómo realizar las medidas y especificar los datos que se consideran importantes para poder establecer los SLA. Es por ello que se deben especificar una serie de medidas y métricas. En el caso de las redes, hay varios parámetros a medir que se pueden considerar importantes, aunque es posible que, por supuesto dependiendo de la red y el cliente, puedan surgir nuevas necesidades y por tanto nuevas medidas. Pero, definiendo algunas de las medidas importantes, en algunos casos imprescindibles, se pueden listar.

La medida fundamental para la priorización y el posterior análisis de la incidencia es el impacto que tiene esta falta o merma de servicio debido al incidente que aparece en la red de la que hace uso este servicio y depende de:

- La importancia de la red que ha sufrido esta falta de servicio.
- La cantidad de tiempo en la que no se ha dado servicio y en la que, en caso de una solución temporal, ha tenido un servicio parcial.
- La cantidad de clientes que se ven afectados, siendo en este caso más o menos críticos.
- La criticidad de los servicios mermados o que faltan debido a la caída de la red en la que funcionan.

- Coste de la gestión y solución del incidente
- Cantidad del uso de recursos tanto técnicos como humanos para la resolución de la incidencia.

Describiendo casos reales: hay una red que da servicio a una oficina que tiene venta directa al público de ropa y usa Internet para hacer los pedidos a proveedores, para consultar las cuentas del banco y para intercambiar mensajes de correo electrónico con los proveedores y con los clientes, y otra que es de un banco, en la que todas las transacciones que se realizan se hacen a través de la red, ya que el programa que utilizan es global y lo que tienen en la oficina es un terminal que no tiene más capacidad que conectarse a Internet. Evidentemente, en este caso sería más grave que falle la segunda red que la primera, ya que el primer comercio puede seguir trabajando por un tiempo razonable, pero el segundo no. También depende del acuerdo SLA al que se haya llegado con el cliente.

La red de un banco importante que, como ya es habitual, tiene todos sus recursos también por Internet. Entre ellos, se encuentran la red de oficinas, en la que todas las oficinas físicas están conectadas a través de esta red, y la red corporativa de la sede central (estas dos estarían conectadas entre sí, aunque sean dos subredes). Además de otras también está la red de clientes. Aquí hay varias redes que pueden dar distintas medidas dentro de una misma organización.

Así, por ejemplo, uno de los parámetros importantes a medir es el coste que supone una red que tiene una incidencia, ya que el hecho de no tener servicio le supone una pérdida económica al banco.

Otro es el tiempo que permanece la red que sea sin servicio.

Es importante tener en cuenta la hora del día en la que ocurre el incidente, así se deduce que es grave para las oficinas y para la red corporativa de la sede central en el horario laboral y en el resto del tiempo no es crítica.

Otro dato que podría medirse es la fecha del mes en el que ocurre la incidencia. Para un banco, no es lo mismo el primero de mes, en el que se realizan todos los pagos y remesas, que mediados. El hecho de una falta de servicio a primeros de mes supone una mala imagen para los clientes del banco y una gran pérdida económica. A las oficinas también le afectan estas fechas.

Todo esto se definiría a la hora de la contratación del servicio y la red en el SLA. Por supuesto, esto es un ejemplo y habría muchas más medidas a realizar, dependiendo de cada caso en concreto, según los parámetros y las consideraciones del cliente que va a implantar la red y los servicios.

Actividades

11. De la misma manera que se han descrito los dos ejemplos anteriores, describa una red que conozca o imagine una red y descríbala. Ponga un posible ejemplo de una incidencia y describa el proceso teórico de la gestión de esta.

En cuanto a la métrica que se puede usar para la metodología en sí, es la siguiente:

- Cantidad total de incidentes que lleva asociada la falta o mengua de servicio de la red: podrá conocerse cuántos incidentes en total ha tenido dicha red desde que empezara su funcionamiento.
- Tiempo de falta de servicio desde que se dio el primer aviso: es importante que quede registrada la hora en el que se recibe aviso de la incidencia concreta, para poder tener una estimación de cuánto tiempo lleva esta falta, ya que repercute en el acuerdo SLA al que se haya llegado.
- Cantidad de incidentes acumulados: tanto incidentes acumulados por una sola primera incidencia como el total de incidencias en la vida total de la red.
- Cantidad de incidentes graves: se realiza un examen y se estudia el que realmente se considera grave, dependiendo de el SLA.
- Tiempo medio de resolución de incidentes: es decir, obtener la media de cuánto se tarda en resolver todos los incidentes acaecidos hasta ahora.

Así se podrá realizar una aproximación de la efectividad de la metodología aplicada.

- Coste del incidente: tanto económico como temporal e incluso se puede valorar el coste en la imagen de la compañía.
- Cantidad de incidentes reabiertos y su relación con el total.
- Cantidad incidentes escalados o no correcta o incorrectamente: algunas veces, no hay escalado de las incidencias porque se resuelven en primera línea. Así que se registrará si se han escalado o no, hacia qué departamento y si ha sido correcto este escalado.
- Cantidad de incidentes gestionados en el plazo acordado, según el SLA: el SLA da unos plazos de tiempo que se acuerdan cuando se contrata el servicio. Normalmente, la incidencia se debe resolver dentro de los plazos que fija este acuerdo. En este campo, se registraría si ha sido así o no.
- Desglose de incidentes por una periodicidad determinada, dependiendo de la cantidad y de la dimensión de la red y de la empresa gestionada. Se podrá estudiar por horas, días, semanas, meses, etc.

Este es un ejemplo de métricas a usar, pero puede variar: pueden no usarse todos estos valores siempre y pueden usarse otros nuevos que se consideren importantes, por la topología de la red, por los servicios que soporta, por los clientes que tenga, por la empresa que lo gestiona, etc.

POSIBLES MEDIDAS
Cantidad total de incidentes
Tiempo de falta de servicio
Cantidad de incidentes acumulados
Cantidad de incidentes graves
Tiempo medio de resolución
Coste del incidente
Cantidad de incidentes reabiertos
Cantidad de incidentes escalados
Cantidad de incidentes gestionados en el plazo acordado
Desglose de incidentes por una periodicidad determinada

Va a formar parte del equipo de gestión de la red de un banco que va a ofrecer su servicio por Internet. Le piden que diseñe los requisitos mínimos que debe cumplir la red para que le pueda pasar el SLA al equipo de gestión de incidencias. Describa 3 puntos prioritarios que pondría, detallando medidas concretas.

SOLUCIÓN

Falta de servicio de la red, tiempo máximo de 12 h. Todo el tiempo que la red esté sin servicio son operaciones que se pierden, detrimento de la calidad del servicio y posible pérdida de clientes, además de una mala imagen.

Cantidad máxima de clientes simultáneos en la red, sin que la red mengüe ni falte el servicio de 5.000 clientes.

Pérdida parcial de servicio o pérdida de ciertas aplicaciones. Tiempo máximo de 24 h, siempre y cuando haya servicios que se ofrezcan y la página principal funcione.

7. Recomendaciones básicas de buenas prácticas

La gestión de incidencias se está extendiendo rápidamente, ya que han aparecido nuevas metodologías y manuales de buenas prácticas que han conseguido que este tipo de gestión sea bastante efectiva, ahorrando a las empresas tiempo y coste. Por ese motivo, este tipo de gestión se ha extendido a otros campos, como la gestión de problemas y la de peticiones de usuario.

El objetivo que se persigue con esta gestión es que el servicio que se ofrece a través de la red telemática tenga una caída o deje de funcionar correctamente durante el menor tiempo posible y que su impacto sobre estos servicios sea el mínimo posible. Este es el objetivo principal, pero también se busca que el coste y el tiempo dedicado de la empresa que lo gestiona sea el mínimo posible y que se vaya generando una base de datos que permita a la empresa aumentar sus procedimientos y conocimientos.

En este apartado, se va a tratar la metodología ITIL, que actualmente es la más implantada y usada por los usuarios y que funcionan de una manera bastante eficiente.

Definición

ITIL

Biblioteca de Infraestructura de Tecnologías de Información, abreviada ITIL (del inglés *Information Technology Infrastructure Library).* Conjunto de conceptos y prácticas para la gestión de servicios de tecnologías de la información, el desarrollo de TI y las operaciones relacionadas con la misma en general. ITIL da descripciones detalladas de un extenso conjunto de procedimientos de gestión ideados para ayudar a las organizaciones a lograr calidad y eficiencia en las operaciones de TI. Estos procedimientos son independientes del proveedor y han sido desarrollados para servir como guía que abarque toda infraestructura, desarrollo y operaciones de TI.

ITIL es una metodología muy interesante, seguida en la actualidad por muchas empresas, ya que realiza una buena eficiencia de los recursos a la hora de gestionar eventos.

En este esquema, se ofrece una visualización genérica de este método en la que el centro sería la atención al cliente y, a partir de ahí, todos los departamentos trabajan con este, en paralelo a su trabajo diario.

Método ITIL

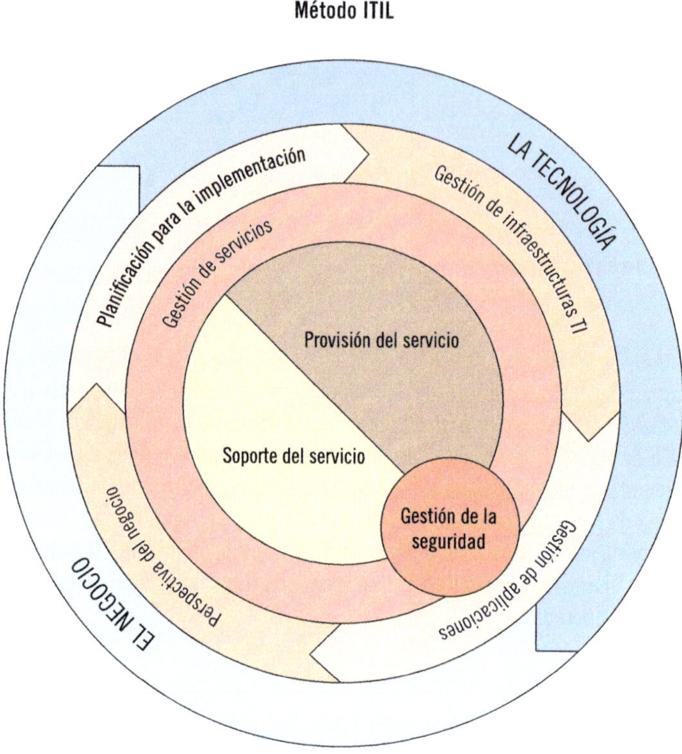

Se verá en primera instancia qué problemas se pueden tener por no implementar, o no hacerlo correctamente, este tipo de gestión:

- Los especialistas pueden ser interrumpidos constantemente, de manera que no puedan realizar su trabajo habitual e incluso sin poder resolver la incidencia.
- Podría haber más de una persona trabajando sobre el mismo incidente. Esto hace que se pierda un tiempo y que se den posibles soluciones que pueden entrar en conflicto.
- Se repiten las incidencias.
- Pueden no resolverse correctamente los incidentes, de manera que se tenga una solución temporal o no total, con la que se puedan provocar otros incidentes o problemas posteriores.
- Falta de información hacia los usuarios.
- Pérdida de información administrativa, tanto la recibida por los usuarios como la de los servicios. Se repiten las mismas preguntas a los usuarios.

- Mayor pérdida de tiempo y un aumento de los costes.
- Cerrar una incidencia sin la correcta comprobación de que se haya resuelto correctamente. Incluso no informar al usuario.

Ejemplos de problemas por la no implementación de una metodología o manual de buenas prácticas como ITIL

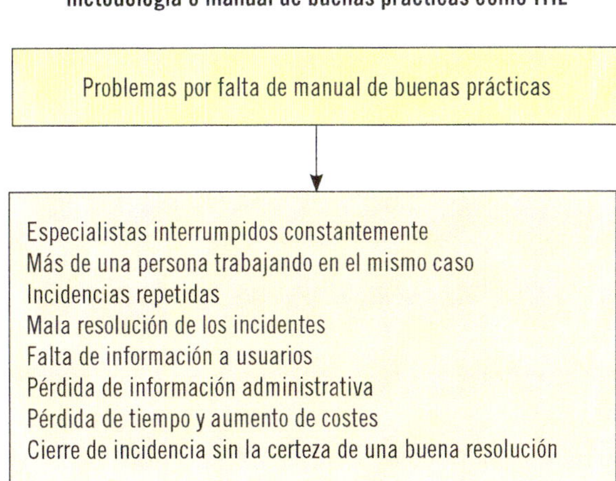

Los beneficios que se pueden obtener por realizar esta gestión de incidencias y, por supuesto, realizarlas correctamente son:

- Se canalizan las incidencias correctamente, hay un punto de recepción inicial y posteriormente se escalan o no según el caso.
- Se mejora sustancialmente la cantidad de tiempo invertido y se minimizan los costes. Se hace un uso más eficiente de los recursos y del personal.
- El impacto negativo de la incidencia es menor, debido, entre otras cosas, a esta reducción del tiempo, a la priorización de los incidentes y a la reducción de los costes.
- La satisfacción del cliente y del usuario mejora. Mejora de la productividad.
- Se registran los incidentes en una base de datos, por lo que se tiene guardado todo el conocimiento de lo que ya ha pasado y se facilita el trabajo del personal de la empresa.
- Cumplimiento del SLA.

- Optimización del trabajo en equipo, al tener claramente definidos los roles en los procesos.
- Tasas más altas de resolución en primera línea de soporte.

Ejemplos de beneficios por la implementación de una metodología o manual de buenas prácticas como ITIL

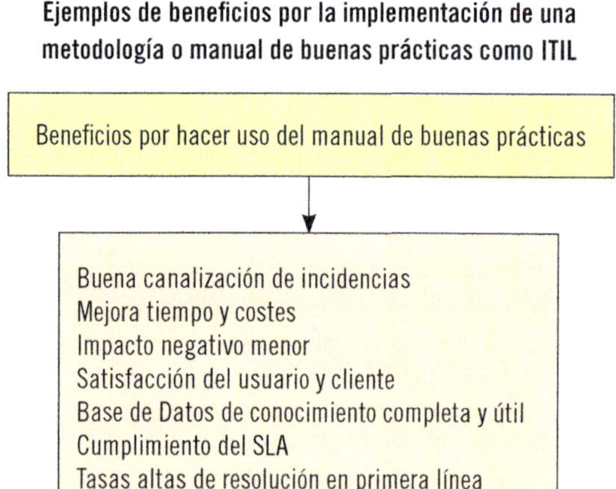

Actividades

12. Describa las ventajas y desventajas de un manual de buenas prácticas.

Por último, cabe definir las buenas prácticas básicas. Lo principal es tener un punto de atención al usuario, que será el primer nivel de acceso y que en ITIL se llama *Service Desk*. En esta metodología, se le da mucha importancia a este punto, ya que es el contacto primero con el usuario y con el cliente.

Resumiendo y concretando, el manual de buenas prácticas debe contener, como mínimo:

- Buen centro de atención y servicio al usuario y al cliente *(Service Desk)*.
- Clara definición del SLA o ANS, importante para definir la manera en la que deben realizar su trabajo cada una de las personas que se hacen

cargo de cada parte de la gestión de las incidencias. Estos acuerdos de nivel de servicio deben conocerlos todos los recursos humanos relacionados con la gestión de los incidentes, aunque el grado de conocimiento dependa de las habilidades de cada grupo.

- Tener buenos recursos técnicos enfocados a la gestión y control de la red, así como al soporte.
- Los cambios tienen que hacerse de forma ordenada y coordinada y de manera que todos estén informados.
- Conocer las necesidades y estrategias del negocio y/o de los clientes a los que la red da servicio.
- Invertir en formación y concienciación de clientes y personal de la empresa.
- Usar herramientas específicas, tanto de detección de incidencias como de gestión. Tener herramientas adecuadas de diagnóstico, reparación y solventación de errores en la red.

Ejemplos de beneficios por la implementación de una metodología o manual de buenas prácticas como ITIL

Buenas prácticas

- Buen Sevice Desk
- Clara definición del SLA
- Buenos recursos técnicos
- Cambios ordenados y coordinados
- Conocer el negocio al que la red da servicio
- Formación y concienciación de clientes y personal
- Uso de herramientas específicas

Actividades

13. Va a crear un *software* de gestión de incidencias. Mientras lo crea, piensa en las posibilidades que este producto puede tener en el mercado. En esto, imagina que puede servir para la gestión de otro tipo de eventos, como en realidad ocurre. Enumere 4 empresas a las que les ofrecería su producto cuando salga a la venta.
14. Enumere en una hoja aparte y de memoria qué tiene que tener como mínimo un manual de buenas prácticas.

Aplicación práctica

Va a crear un *software* de gestión de incidencias. ¿Qué debe tener en cuenta, como mínimo, según el manual de buenas prácticas?

SOLUCIÓN

I. Buen centro de atención y servicio al usuario y al cliente *(Service Desk).*
II. Clara definición del SLA o ANS.
III. Buenos recursos técnicos.
IV. Cambios ordenados y coordinados.
V. Conocer el negocio al que la red da servicio.
VI. Formación y concienciación de clientes y personal.
VII. Uso de herramientas específicas.

8. Sistemas de gestión de incidencias

La gestión de incidencias incluye una serie de conceptos y procedimientos que permiten optimizar la resolución de los imprevistos que tienen lugar, en este caso, en la redes telemáticas. Sin embargo, hay que tener en cuenta que este tipo de procedimientos se pueden utilizar para muy distintos ámbitos, tanto dentro de las tecnologías de la información y las comunicaciones (TIC) como fuera y para temas tan diversos como el desarrollo o mantenimiento de grandes productos *software,* la gestión logística de grandes multinacionales de venta de muebles o la atención al usuario de una compañía telefónica.

8.1. Descripción de las funcionalidades

Hay que entender, por tanto, que la gestión de incidencias se puede aplicar, en un sentido amplio, a muchos tipos de tareas y proyectos, en los que puede intervenir el concepto de incidencia, que según el ámbito puede ser un fallo de servicio en una determinada red, un error en un programa informático o que no llegue un camión con los suministros en una planta de ensamblaje o a una tienda.

En este sentido, hay muchas herramientas y aplicaciones *software* que pueden ayudar en los distintos procesos que intervienen en la gestión de incidencias, pero en general no están adaptados a un ámbito funcional o al tipo de servicio e incluso puede que no cubran completamente las necesidades de un procedimiento de gestión determinado. Lo primero, por tanto, es tener claro y diseñado el proceso de gestión de incidencias, su flujo de trabajo y sus condicionantes, para poder usarlos como punto de partida que permita analizar cuál o cuáles de las herramientas de gestión de incidencias que hay en el mercado más se adaptan a las propias necesidades, con la mínima parametrización posible.

Por tanto, depende de los servicios que ofrezca la red a gestionar que se tengan unas funcionalidades u otras, pero son de carácter prioritario y básico las siguientes:

- Punto único de acceso, bien por correo electrónico, bien por teléfono o bien en persona, donde se hace el reporte de las incidencias.
- Inventario de equipos para poder identificar más fácilmente el evento notificado.
- Base de datos, donde se registra cada uno de los pasos seguidos.
- Documentos de SLA.
- Sistema emisor y gestor de informes.

8.2. Ejemplificación y comparación de herramientas comerciales y de código abierto

Se van a analizar una serie de herramientas disponibles en el mercado que pueden ayudar en determinados procesos que intervienen en la gestión de incidencias.

Las más genéricas son las herramientas que se denominan de gestión de tiques *(issue tracking system),* que son herramientas *software* que ayudan a mantener y gestionar listas de tareas, errores o incidencias.

Este tipo de herramientas se pueden aplicar a muchos ámbitos de gestión de proyectos de muy diversa naturaleza y no son específicas para la gestión de incidencias, pero se pueden adaptar para que cumplan con el 80% de las necesidades que se podrían tener.

Ejemplos de este tipo de herramientas y sistemas son:

- ***Trac:*** herramienta para gestión de proyectos y seguimiento de errores, escrita en Python. Es de *software* libre.

- ***Mantis Bug Tracker:*** gestión de tareas en los equipos de trabajo. Escrita en PHP y MYSQL. Es de *software* libre.

- ***Bugzilla:*** herramienta de seguimiento de errores, originaria del proyecto *Mozilla.* Basada en servidor web y usando MYSQL. Es de licencia pública de *Mozilla.*

- ***Redmine:*** herramienta para la gestión de proyectos, incluye un sistema de gestión de incidencias con seguimiento de errores. Escrita en *framework* Ruby on Rails. Es de *software* libre.

- ***Pivotal Tracker:*** *software* de gestión ágil de proyectos. Es *software* libre para proyectos *OpenSource.* No es de código abierto.

Todas estas herramientas se pueden usar para la gestión de incidencias, aunque no sea su único cometido. De hecho, muchas de ellas tienen un uso comercial.

Actividades

15. Investigue en Internet cada una de las herramientas indicadas. ¿Qué diferencias esenciales encuentra entre *Trac* y *Mantis?*

Pero, por el tema que ocupa este manual, es más útil concretar las herramientas que se usan más específicamente para la gestión de incidencias en redes telemáticas, que son herramientas que, además de esta gestión de tiques, aportan funcionalidad de centros de soporte o asistencia *(Help Desk, Service Desk).* La diferencia está en la orientación al usuario. Estos sistemas incluyen herramientas que permiten al usuario final conectarse a los sistemas de gestión de incidencias, tanto para el registro e identificación de las incidencias como para el posterior seguimiento de las mismas. Están orientadas a mejorar la comunicación entre el usuario final y los centros de soporte. Son más específicas para la gestión de incidencias.

Como ejemplos de este tipo de sistemas, cabe señalar los siguientes:

- ***JIRA software:*** aplicación web usada para la gestión de proyectos y para el seguimiento de incidencias y errores. Es *software* propietario, pero da licencias gratuitas para proyectos *OpenSource.*

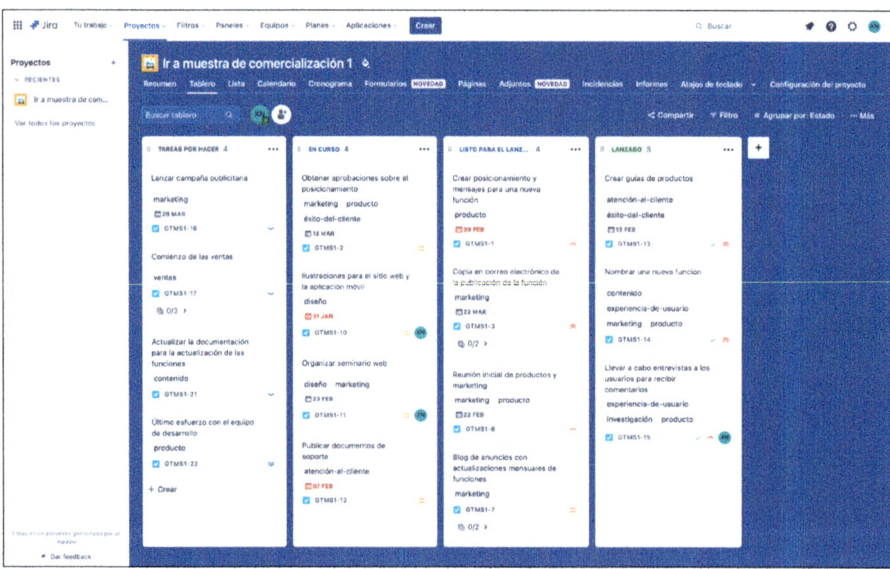

Jira

- ***Plain Ticket:*** *software* remoto para la gestión de tiques. Es *software* propietario.

- ***Zendesk:*** *software* remoto para la gestión de tiques. Es *software* propietario.

- ***OTRS:*** sistema de gestión de tiques de código abierto y *software* libre, muy usado en las empresas. Es muy recomendable, para introducirse en estas herramientas.

En esta imagen, se puede observar la interfaz de usuario del sistema *OTRS,* cómo se realiza la gestión de un nuevo tique. Se puede ver que es una aplicación muy amigable para el usuario final.

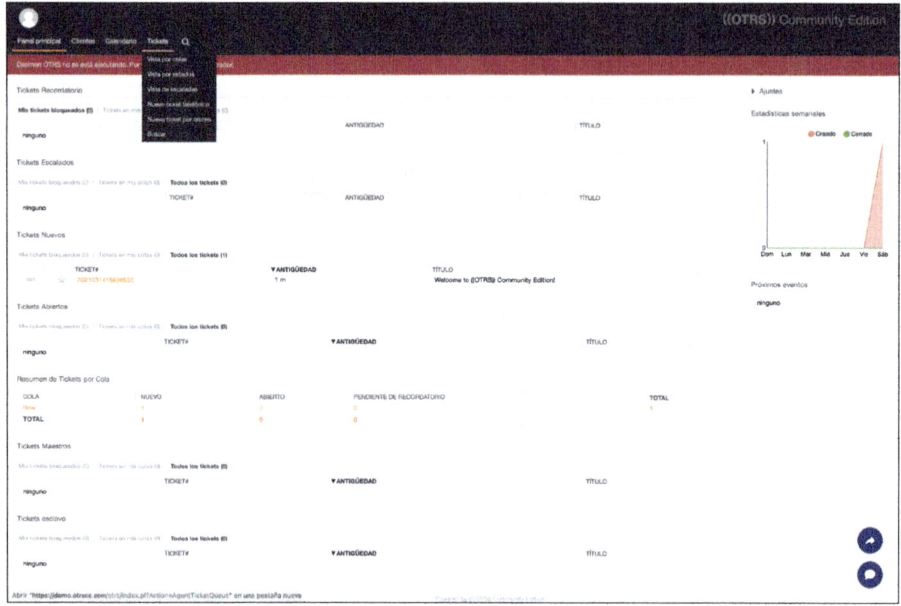

Sistema OTRS

En esta otra imagen se recogen los datos en la aplicación cuando se genera un tique con los datos recogidos por el *Service Desk*.

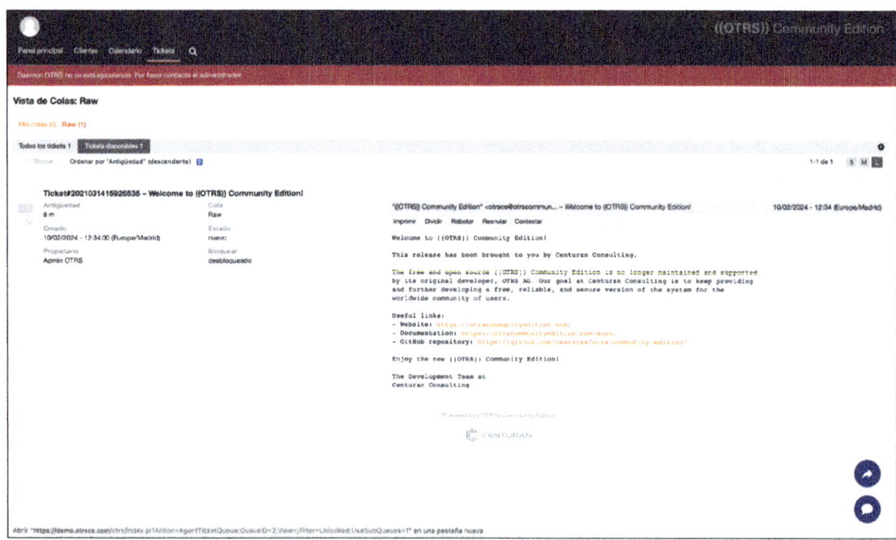

Sistema OTRS

Y en esta otra un ejemplo un ejemplo de la pantalla correspondiente al historial del tique sobre el que se está trabajando.

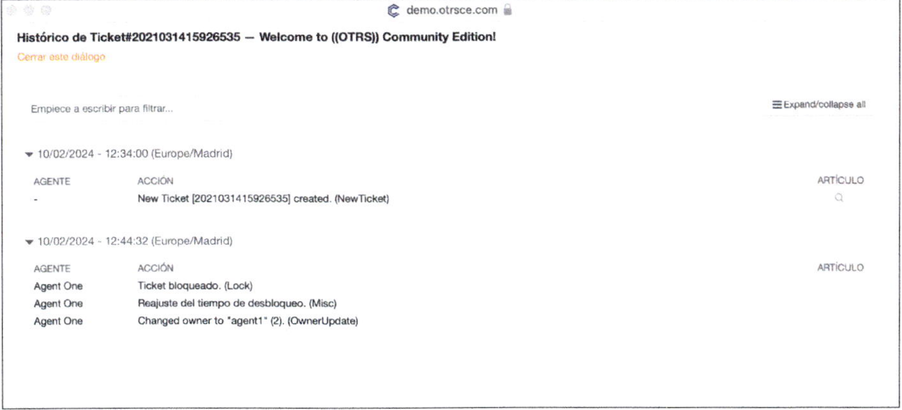

Estadísticas en el sistema OTRS

Actividades

16. Entre en la página de OTRS y haga clic en probar. Descárguese el programa con una empresa ficticia inventada por usted y realice un simulacro de gestión de incidentes.

Por último, hay sistemas más específicos que se centran en mantener el repositorio de información de los sistemas de información *(CMDB* en ITIL), su base de datos. Dentro de este repositorio es donde se mantiene la información tanto de los sistemas (inventario) como la documentación de operación. En este caso, hay herramientas específicas de *CMDB,* como *CMDBuild,* y sistemas completos que incluyen funcionalidades de las referidas con anterioridad, además de una implementación de *CMDB,* como puede ser *iTop.*

Recuerde

CMDB: *Configuration Management Data Base* o Base de Datos de Gestión de Configuración. Es la base de datos que contiene cada elemento de configuración de cualquier ítem de las TI con todos sus detalles relevantes. Esencial en metodología ITIL.

Estas herramientas y sistemas, cuanto más completos son, más complejo es su despliegue, parametrización (adaptarlo al modelo de negocio y a los procedimientos diseñados) y puesta en marcha y, por tanto, más caro, pero, a cambio, se tiene más control e información sobre los procesos que intervienen en la gestión de incidencias.

Aplicación práctica

Le piden en su empresa un sistema de gestión de tiques y quiere utilizar *JIRA* u *OTRS*. Le exigen que tenga al menos las siguientes características:

- **Tener un único punto de acceso para el cliente.**
- **Tener una base de datos CMDB.**
- **Ser *software* libre.**
- **Tener un sistema generador de informes.**

¿Cuál de estas dos herramientas emplearía y por qué?SOLUCIÓN

En este caso, sería *OTRS*. Esto es porque *JIRA* no cumple la condición de ser *software* libre ni la de tener *CMDB*.

9. Resumen

La gestión de incidencias en el mundo de las redes telemáticas está alcanzando un importante desarrollo. Esto es debido por una parte al constante crecimiento de las redes y las comunicaciones en general, que desde están creciendo de manera exponencial, y, por otra parte, a los buenos resultados que está dando este tipo de gestión en el mundo de las TI.

Si se realiza una mala gestión, hay un aumento de tiempo y costes, algo importante para toda empresa. Pero algo que no hay que dejar de lado es la imagen que se da en una mala resolución de cualquier evento. La mala imagen de una empresa puede llegar a ser lapidaria.

Para ello, se usa la gestión de las incidencias, en la que se trabaja con una metodología o un manual de buenas prácticas en concreto. Todos los pasos que se describen en la metodología son importantes. Por ello, hay que tener en cuenta que ningún paso se debe saltar ni dedicarle menos atención, porque puede ocurrir que todo el método falle. Tienen que estar todas las actividades descritas:

- Identificación.
- Registro.
- Clasificación.
- Priorización.
- Diagnóstico inicial.
- Escalado.
- Investigación y diagnóstico.
- Resolución y recuperación.
- Cierre.

Para ello, se llevará una base de datos en la que todos estos elementos queden registrados.

Hay distintas metodologías, aunque ITIL es la más usada actualmente, por los buenos resultados que está teniendo en las empresas.

En la realidad, estos sistemas se han generalizado y se llaman sistemas gestores de tiques. Se utilizan tanto para la gestión de las incidencias como para la gestión de problemas, peticiones de usuarios e incluso suelen estar integrados en la gestión de proyectos en general.

Ejercicios de repaso y autoevaluación

1. ¿Qué es una incidencia?

____
____
____
____

2. De las siguientes afirmaciones, diga cuál es verdadera o falsa.

a. Se puede definir igual una incidencia, un problema y una petición de usuario.

- ☐ Verdadero
- ☐ Falso

b. Se suele tratar igual y con los mismos programas una incidencia, un problema y una petición de usuario.

- ☐ Verdadero
- ☐ Falso

c. Actualmente, se ha ampliado mucho el uso de programas de gestión de incidencias en las empresas.

- ☐ Verdadero
- ☐ Falso

3. Complete el siguiente texto.

ANS o SLA: Acuerdo de _______ _______ _______ o Service Level Agreement. Es un documento o acuerdo en el que se especifican los requisitos ____________ que debe cumplir el servicio contratado entre cliente y proveedor.

4. **Enumere los objetivos de la Gestión de incidencias.**

____
____
____
____

5. **Marque la respuesta incorrecta. ¿Quiénes notifican la caída de la red?**

   a. Usuario y/o cliente.
   b. Administrador de la red.
   c. Técnico de la empresa suministradora de luz.
   d. Sistema automático de gestión de redes.

6. **Enumere las actividades de la gestión de incidencias descritas.**

____
____
____
____

7. **Indique cuál de las siguientes afirmaciones sobre el registro de una incidencia no es correcta:**

   a. Es importante el registro de la incidencia.
   b. Se puede registrar en cualquier folio o papel, si luego se archiva en el archivador correspondiente.
   c. Se registra en una base de datos, programa web o cualquier herramienta usada para este fin.
   d. Ayuda al diagnóstico de nuevos incidentes.

8. **De las siguientes afirmaciones, diga cuál es verdadera o falsa.**

   a. La urgencia de una incidencia no es significativa para su clasificación.

      ☐ Verdadero
      ☐ Falso

b. El impacto de la incidencia tampoco es significativo a la hora de clasificarla.

- ☐ Verdadero
- ☐ Falso

c. La clasificación puede ir cambiando en el tiempo de vida de una incidencia.

- ☐ Verdadero
- ☐ Falso

9. Complete el siguiente texto.

Una prioridad está basada en el ______________ y la urgencia y es utilizada para identificar el ______________ que se necesita para que las acciones se lleven a cabo.

10. Indique cuál de las siguientes afirmaciones sobre el escalado, la investigación y el diagnóstico de una incidencia no es correcta.

a. Son importantes todos los pasos que se dan en la gestión de incidencias para facilitar la tarea de diagnóstico.
b. La fase de investigación se puede repetir varias veces.
c. No se puede realizar un escalado a un departamento diferente al que está investigando la incidencia.

11. Enumere las actividades a tener en cuenta en la actividad de cierre.

____
____
____
____

12. Marque la respuesta correcta sobre ITIL.

a. Es un servicio de atención al usuario.
b. Es un programa basado en web de gestión de incidencias.
c. Es un manual de buenas prácticas o metodología.
d. Todas las opciones son incorrectas.

13. Indique algunas métricas que se pueden utilizar en la gestión de incidencias en redes.

14. Indique cuáles no son correctas. Los problemas por no implementar, o no hacerlo correctamente, este tipo de gestión de incidencias son:

a. Especialistas interrumpidos constantemente.
b. Más de una persona trabajando en el mismo caso.
c. Impacto negativo menor.
d. Mala resolución de los incidentes.
e. Falta de información a usuarios.
f. Cumplimiento del SLA.
g. Cierre de incidencia sin la certeza de una buena resolución.

15. Relacione los sistemas de gestión de incidencias con el tipo de licencia que tienen.

a. JIRA *Software*
b. Plain Tickets
c. OTRS

__ *Software* propietario
__ *Software* libre
__ *Software* propietario, pero con licencias libres ocasionales

Capítulo 2

Resolución de incidencias

Contenido

1. Introducción

Hasta ahora, se ha hablado de la parte teórica de la resolución de incidencias, la gestión de incidencias. Esta es una parte muy importante, porque gracias a la metodología se consigue un trabajo más eficiente y menos costoso para el cliente que está utilizando la red. Se tienen que seguir todos los pasos dados por el método, porque el hecho de no darlos todos puede perjudicar al buen hacer de los responsables y administradores de la red.

Pero, cuando teóricamente se habla de diagnóstico inicial, diagnóstico y resolución de incidencias, se deben tener una serie de conocimientos y de herramientas, tanto *software* como hardware, para realizar estos trabajos. Para el uso de estas herramientas, en algunos casos hay que tener unos conocimientos bastante profundos en redes telemáticas y en los protocolos de los paquetes que por estas viajan. Sin estos conocimientos se pueden dar ciertos diagnósticos iniciales y usar ciertas herramientas básicas, pero será imposible ir más allá.

Un buen aprendizaje se adquiere sobre todo con la práctica y con el tiempo. Por eso, se proponen supuestos prácticos, para poder introducirse un poco en el mundo de las herramientas de resolución de incidencias de redes telemáticas.

2. Identificación y análisis de las distintas fases del proceso de resolución de incidencias

Cuando se notifica una incidencia, se deben seguir una serie de pasos para tener una buena resolución. Así, se siguen las metodologías descritas en la gestión de incidencias para una mejor eficacia. Pero, dentro de estas, al recibir una incidencia en redes se deben realizar una serie de pasos. Los puntos que se definen a continuación pueden realizarse en uno o varios puntos de los descritos en la gestión de incidencias. Todos los pasos que se describen a continuación se deben documentar, siguiendo la metodología de la gestión de incidencias. Se debe usar y actualizar constantemente la base de datos en la que se estén recopilando los datos y se deben añadir los datos nuevos a la misma para garantizar que, si distintas personas tienen la misma incidencia, al consultarla se encontrará la solución facilitada al usuario que la ha tenido previamente. Si ya hay datos parecidos, se podrá hacer uso de ellos para una solución más rápida y, si no es necesario, no se escalará la incidencia.

Recuerde

Se debe realizar una buena gestión de incidencias para que la resolución sea más eficiente y menos costosa en la medida de la capacidad que esta gestión aporta.

2.1. Definición del problema

La notificación de la incidencia se puede realizar por distintas vías, por *e-mail,* por teléfono, etc., y puede proceder de distintas personas: cliente, administrador de red, etc. Si se sigue una metodología como ITIL, la recepción de la primera notificación, si esta es por parte del cliente o usuario, es por parte de un técnico de primer nivel. Es posible que este no tenga grandes conocimientos de redes. Por lo tanto, debe tener un cuestionario mínimo de preguntas para poder conocer el problema y que, cuando se escale, se tenga la mayor cantidad de datos posible.

Recuerde

En la metodología ITIL, existe el llamado *Service Desk* (SD), que es el primer nivel de atención al usuario y a los posibles incidentes o problemas.

Una vez en el departamento adecuado, se debe tratar de definir el problema en un principio. Así, para acotarlo, se deben definir esencialmente dentro de la red los siguientes aspectos:

- Servicios afectados.
- Tiempo de falta o merma de servicio.
- Repercusión dentro de la empresa que trabaja con la red.
- Coste económico a esta empresa.
- Grado de cumplimiento de SLA.

Estos serían los datos principales que se deben tener en cualquier tipo de red, pero después se debería estudiar cada tipo de red, porque habrá parámetros más concretos de los que sea necesario profundizar en su conocimiento.

Una vez conocido esto, se debe hacer una descripción exhaustiva del problema.

Actividades

1. Es el gestor de red de una importante empresa de telefonía móvil. Le reportan un problema en el que tiene que resolver una incidencia de falta de servicio en una zona determinada. Va a preparar la documentación. Describa los datos principales que se incluirán en la documentación.

2.2. Descripción del problema

Cuando ya se conoce a qué ha afectado la incidencia y se clasifica según el SLA que se tenga acordado con el cliente, se debe realizar la descripción del problema. Para esto, es posible que se deba hablar con la persona que ha detectado la incidencia, ya que es muy probable que pueda aportar muchos más datos. La descripción del problema depende mucho de cada caso, porque cada uno es diferente y aquí entra en juego el buen hacer del administrador o gestor de redes. Así, si el problema ya se ha dado en alguna ocasión anterior y está documentado, se resolverá inmediatamente, pero, si no, se deberá realizar y documentar qué ocurre exactamente y cómo afecta. Así, se pueden considerar parámetros importantes y generales en la descripción del problema:

- Cómo ha sido detectado.
- Qué lo ha causado.
- Qué servicios están afectados y qué servicios no.
- Cuándo ha ocurrido.

Estos son los datos principales, pero, dependiendo de la casuística de cada red, se deberán concretar ciertas cosas más o menos.

Otra cosa a tener en cuenta es si realmente esos servicios que se están demandando como perdidos son realmente servicios que se han ofrecido o no, es decir, es posible que el cliente crea que le falta un cierto servicio, pero en realidad sea un servicio que no se ha implementado en su momento porque no estaba en el acuerdo, pero es algo que puede no conocerse por parte del usuario de la red, ya que pueden ser necesidades que se crean posteriormente.

Ejemplo

Un usuario compra un teléfono móvil para realizar llamadas y se lo lleva. Cuando está haciendo uso de él, quiere empezar a usar una aplicación de mensajería instantánea, pero no le funciona. Va a la tienda explicando que tiene un problema porque el teléfono no hace todas las funcionalidades que este usuario quería. Lo que el usuario no sabe es que no ha contratado la tarifa de datos en el teléfono, solo pidió en su momento poder hablar por teléfono, por lo que le aplicaron la tarifa de voz y, por tanto, no puede tener aplicaciones de mensajería, ni ninguna de las que requieran el uso de Internet. Así, se descarta como incidencia, ya que no es un servicio contratado en un principio.

Dentro de la descripción, también se debe tener en cuenta el SLA y se especifica si se cumple y qué plazos se tienen para resolver el problema, según el acuerdo.

Recuerde

El ANS o SLA (Acuerdo de Nivel de Servicio o *Service Level Agreement)* es un documento o acuerdo en el que se especifican los requisitos mínimos que debe cumplir el servicio contratado entre cliente y proveedor. Debe garantizar la calidad mínima de los servicios contratados necesaria para el cliente.

Actividades

2. La red de una tienda de compra *online* ha dejado de dar servicio. Llaman los clientes diciendo que desde las 12 h de la mañana no pueden acceder a las páginas. Necesita una serie de datos para la gestión del problema. ¿Qué preguntas le haría al cliente y qué investigaría para obtener los parámetros esenciales para la resolución de la incidencia?

2.3. Establecimiento de las posibles causas

Para poder empezar con la resolución del problema, se deben establecer las posibles causas. En este caso, puede haber muchas o quizá sea necesario investigar para poder llegar a la causa principal, porque sea una causa no conocida o nueva.

Normalmente, lo primero que se debe intentar es comprobar en la base de datos si el problema ya se ha dado y así se pueden establecer las causas más fácilmente o si se ha dado uno similar. En otro caso, se hará un estudio exhaustivo para determinar estas causas. Para este trabajo, son realmente interesantes los diagramas de causa/efecto que se estudian en el siguiente epígrafe.

Se realizarán una serie de pruebas y estudios para llegar a las causas más probables.

Las causas más probables, sacadas de puestas en común de distintos administradores de redes, son:

- Respecto al nivel físico, de cobre, fibra o inalámbrico:
  - Cableado o terminaciones dañadas o sucias.
  - Atenuación excesiva de la señal.
  - Insuficiente ancho de banda para el cableado.
  - Interferencia inalámbrica.
- Respecto a la configuración ***software* del nivel de red, Ethernet e IP:**
  - Dispositivos de red dañados.
  - Configuraciones de dispositivo incorrectas o no óptimas.
  - Problemas de autenticación y asociación.
  - Ancho de banda de red insuficiente.
- Respecto a los sistemas ***switches, routers* y VLAN:**
  - Uso excesivo.
  - Demasiados errores.
  - Inscripción de VLAN asignada incorrectamente.
  - Problemas de prioridad del tráfico (cos/qos).

Aplicación práctica

Imagine que está en una empresa que da soporte a la red de un hospital. Llega una incidencia en la que se describe una caída del servidor en el que está la base de datos de los pacientes. Se llega hasta los servidores anteriores de acceso, pero, al introducir los datos, no funciona la aplicación. Por lo que se describe, sí se llega al servidor anterior, pero no al que alberga la base de datos. ¿Qué tipo de incidencia descartaría primero (*software* o *hardware*)? ¿Cuáles cree que serían las causas más probables, según lo visto?

Continúa en página siguiente >>

<< Viene de página anterior

SOLUCIÓN

En principio, parece ser algo de hardware, ya que se llega a un servidor anterior, así que descartaría el caso *software* en un principio (esto no quita que pueda ser otro tipo de problema, es el estudio primero). Así, las causas más probables son:

1. Cableado o terminaciones dañadas o sucias.
2. Atenuación excesiva de la señal.
3. Insuficiente ancho de banda para el cableado.
4. Interferencia inalámbrica.

2.4. Prueba de las causas más probables

Una vez que se consiguen aislar las causas que se consideran más probables de todas las posibles, utilizando los diagramas causa/efecto, es necesario realizar las pruebas o los estudios correspondientes para poder averiguar la causa real de lo que está ocurriendo, porque si no sería imposible llegar a una resolución del problema. Para esto, se tomará un listado de las causas más probables y, haciendo uso de las herramientas *hardware* y *software* de las que se dispone para la administración y la gestión de incidencias, se llegará a la causa del problema.

Actividades

3. Recibe una incidencia en la que le especifican que un servidor deja de dar servicio. El primer nivel de recepción de incidencias le dice que han estado revisando un poco (dentro de sus conocimientos menos especializados) y que uno de los sistemas de ficheros estaba lleno. ¿Realizaría más pruebas o con esta información sería suficiente? Si la respuesta es sí, enumere alguna de las pruebas que realizaría.

2.5. Verificación de la causa real

Una vez concretada la causa que provoca la incidencia, después de haber hallado las causas más probables por el diagrama de causa/efecto y habiendo hecho las pruebas con las herramientas que se van a estudiar se llegará a la causa del problema.

na vez que se considera que una causa es la responsable de la incidencia, se ha de verificar que es así, ya que puede haber errores en las mediciones, en las herramientas de diagnósticos y en los juicios de las personas responsables de la red y que manejan estas herramientas. Para ello, se realizan una serie de pruebas.

Puede ocurrir que vuelva a haber servicio en la red porque la causa que provoca la falta o la merma de servicio en la red sea temporal y las condiciones vuelvan a ser propicias para que la red vuelva a su funcionamiento normal.

En este caso, si no se pudiese verificar la causa, sería conveniente forzar la incidencia. Para hacer esto, se debe hacer un estudio sobre en qué momento se debe realizar una prueba, porque sea menos perjudicial y menos costoso tanto para el cliente como para la empresa gestora de las incidencias.

Entonces se provocaría el problema y se determinaría la causa, verificando que es la que se ha considerado. Esto es importante hacerlo porque el estado de esta incidencia se queda en modo inestable, ya que no se le ha dado una solución real, ha sido un cambio de estado, así que se debe estudiar la causa y darle una solución definitiva.

Ejemplo

Se tiene una falta de servicio de un servidor por la tarde. El cliente llama y avisa de esta falta de servicio. No se intenta resolver porque en la SLA no se encuentra el acuerdo de que se resuelva a cualquier hora. A la mañana siguiente, cuando llega el administrador

Continúa en página siguiente >>

<< Viene de página anterior

de la red, se encuentra que el servicio está de nuevo en funcionamiento. A pesar de que las circunstancias han cambiado, es conveniente estudiar la causa del problema y ver si se puede volver a dar. En este ejemplo, es porque el sistema de ficheros del servidor se ha llenado, lo que provoca que los servicios no estén funcionando. Por la noche, hay programada una rotación de estas trazas, que se comprimen y se mueven a otro sitio. Esto provoca que se libere el sistema de ficheros y el servidor pueda volver a tener un uso normal. Así, por la mañana, el administrador se encuentra que todo funciona correctamente. Pero es algo que se debe estudiar, porque es un problema inestable, ya que se puede dar el caso, y es muy probable que se dé, de que vuelva a haber una falta de servicio. Cuando se haya llegado a la conclusión de que esta es la causa, se debe intentar simular.

Actividades

4. Llama un cliente porque tiene una falta de servicio. Se ha realizado la comprobación y ya se tienen las causas más probables. Se soluciona el problema. ¿Sigue siendo necesaria la verificación de la causa real?

2.6. Planificación de las intervenciones

Cuando ya se ha cerrado cuál es la causa del problema y se ha hecho un estudio de cuál puede ser la posible reparación y cómo debe ser esta, se debe realizar una planificación. En este caso, se deben tener muy en cuenta los acuerdos llegados según el SLA. Para esto, se debe tener esta documentación accesible y disponible, porque es muy importante para la planificación. Esto repercute sobre todo en los tiempos de contratación de servicio. No es lo mismo un servicio en el que se tiene contratada una asistencia técnica de 24 h con una actuación dentro de un plazo mínimo, que si se tiene acordado un servicio en horario laboral solamente. Según esto, se planificaran las actuaciones de una manera u otra.

Independientemente de esto, lo que siempre se tiene que intentar es reactivar los servicios que ofrece la red en el mínimo tiempo posible y con la menor repercusión negativa para la empresa.

También se debe planificar la actuación técnica para estar seguro de que lo que se está haciendo no va a repercutir negativamente en otros servicios.

Por lo tanto, se debe realizar, y por supuesto documentar, una planificación exhaustiva de todas las tareas que se van a realizar para resolver la incidencia, teniendo en cuenta los tiempos y también la repercusión. Son datos importantes a tener en cuenta a la hora de la planificación:

- Tiempo que se permite que esté el servicio en concreto caído o mermado.
- Importancia de esa falta de servicio.
- Estudio de la repercusión de esa falta de servicio en la empresa a la que da servicio la red.
- Estudio de la repercusión de la posible resolución a los demás servicios que da la misma red.
- Tiempos en los que es mejor realizar la intervención, según el acuerdo del SLA.
- Planificación técnica de cómo realizar la intervención según los sistemas implicados.

Dependiendo de cada incidencia en concreto, se deberá realizar otra posible documentación.

Ejemplo

En una red que da servicio a un soporte bancario sobre sus sucursales, se deben parametrizar todos los datos importantes dados hasta ahora, pero también se debe tener en cuenta, a la hora de realizar una posible intervención, la fecha del mes en la que se podría realizar, ya que, por lo general, los bancos, a finales y a principios de mes, tienen mucho más tráfico y operaciones. Por lo tanto, este dato, en este caso en concreto, también se debe considerar.

5. Se encuentra gestionando y administrando una red de venta por Internet. Tiene contratados dos tipos de servicios, según SLA. Uno supone un contrato en el que el servidor de ventas tiene un tiempo de respuesta sobre una caída, de manera que el técnico debe actuar en menos de 24 h, sin distinción de días laborables o no. El otro supone una respuesta del técnico de 24 h sobre los servidores de la red de tiendas físicas. Si se cae la red el sábado por la noche, ¿cuándo se debe intervenir en cada red?

2.7. Comprobación de la reparación

Según la documentación que se va teniendo, se va realizando un seguimiento del problema. Es muy importante realizar un posterior seguimiento de la incidencia. Esto está contemplado en todas las metodologías y manuales de buenas prácticas, ya que es importante, pues pueden ocurrir una serie de cosas no previstas en la resolución, como por ejemplo:

- Que no se hayan contemplado todas las posibles causas y problemas que hayan ocurrido.
- Que la solución no sea suficiente porque necesite de alguna reparación más.
- Que la solución sea temporal.
- Que no se restauren correctamente todos los servicios.
- Que no se cumpla el acuerdo SLA.

Además, se debe hacer un seguimiento posterior a la resolución de la incidencia, porque es importante para la documentación que se debe llevar sobre todo el proceso. En la documentación debe aparecer también, cuando se realiza la resolución, cómo evoluciona en el tiempo la restauración o renovación del servicio dado.

Actividades

6. Si se ha resuelto una incidencia y el cliente ya no llama más hablando de la falta de servicio, ¿es necesario que se realice la comprobación de la reparación?

2.8. Documentación

Como se especifica en la gestión de incidentes, es muy importante llevar una documentación sobre todo el proceso. Todos los manuales de buenas prácticas y metodologías reflejan la importancia de esta documentación, para que se facilite la resolución de otros posibles problemas posteriores y para que todas las personas implicadas en el proceso de la resolución de incidencias puedan tener acceso a cada paso que se da para resolver esta incidencia, desde la recepción del problema hasta la solución definitiva.

Recuerde

La CMDB (*Configuration Management Data Base* o Base de Datos de Gestión de Configuración) es la base de datos que contiene cada elemento de configuración de cualquier ítem de las TI con todos sus detalles relevantes. Esencial en metodología ITIL.

Para manejar esta documentación, se suelen llevar una o varias bases de datos, donde habrá una serie de campos para rellenar ya prefijados. Habrá campos que se repitan en cualquier tipo de incidencias, campos de datos que se repitan en incidencias de redes, y campos personalizados para ciertas redes concretas. Seguidamente, se ofrece un ejemplo de los campos que se pueden poner en la base de datos. Aunque estos son genéricos y deben estar en todas las bases de datos, normalmente se les añadirán más, según cada casuística:

- Hora del incidente.
- Hora de la detección.
- Falta o reducción del nivel de servicio causado.
- Tiempo total desde la caída del servicio a la restauración parcial.
- Tiempo total desde la caída del servicio a la restauración completa (a veces coincide con la anterior).
- Recursos utilizados.
- Posibles causas.
- Descripción completa de la solución parcial.
- Descripción completa de la solución total.

EJEMPLO DE OBJETIVOS DE SEGUIMIENTO Y ENUMERACIÓN DE ALGUNOS DE LOS CAMPOS DE LA BASE DE DATOS
Hora del incidente
Hora de la detección
Falta o reducción del nivel de servicio
Tiempo total de la caída a solución parcial
Tiempo total de la caída a solución total
Recursos utilizados
Posibles causas
Descripción solución parcial
Descripción solución total

Actividades

7. ¿Qué es la CMDB?
8. Enumere seis de los campos que debe tener la base de datos CMDB.

3. Descripción y ejemplificación del uso de los diagramas de causa/efecto (Ishikawa) en la solución de problemas

El diagrama de causa/efecto es una de las herramientas que durante el último siglo han demostrado que facilitan el análisis de los problemas o incidencias y sus posibles causas en muy distintos ámbitos de aplicación, desde entornos o procesos industriales a procesos de gestión de la calidad, pudiendo resultar de gran utilidad para el análisis y la resolución de incidencias en redes telemáticas.

Definición

Diagrama causa/efecto
Visualización gráfica para el análisis de las posibles causas según los factores que han provocado este problema, ya identificado.

A este tipo de diagramas se les conoce por distintos nombres, como diagrama de Ishikawa, ya que fue el doctor Kaoru Ishikawa quien, en 1953, desarrolló esta técnica, cuando estaba trabajando con un grupo de ingenieros para la empresa Kawasaki Steel Works. También es conocido como diagrama de espina de pescado por su estructura y representación gráfica.

Cuando se tiene identificado un problema, es necesario analizar y buscar las causas que pueden haberlo provocado. Estas causas pueden deberse a distintos factores en mayor o menor medida y, a su vez, pueden estar relacionadas entre sí. Los diagramas causa/efecto proporcionan una visualización gráfica de estos factores y su relación y facilitan el análisis de cuáles de estas causas pueden ser las más relevantes.

Los diagramas de Ishikawa se suelen utilizar en análisis en los que intervienen los grupos de personas relacionados con el problema a estudiar, ya que permiten agrupar y estructurar de manera gráfica gran cantidad de información y favorecen la reflexión y generación de nuevas ideas. Se suelen utilizar en conjunto con técnicas de generación de ideas en grupo como las tormentas de ideas *(brainstorming).*

3.1. Estructura del diagrama

El diagrama consta de los siguientes elementos:

- Identificación del diagrama. Datos generales que suelen ir arriba o abajo del diagrama, como son título, fecha, empresa, área o personas integrantes del equipo de estudio.
- El problema a analizar o cabeza. El tema a estudiar se encierra en un rectángulo que se sitúa en la parte derecha de la hoja donde se va a generar el diagrama.
- Línea principal, espina central o columna vertebral. Es una línea horizontal que cruza toda la hoja y llega hasta la caja del problema a analizar.
- Causas primarias o espinas principales. Se representan como líneas o flechas oblicuas (inclinación de unos 70° aproximadamente), que parten de una caja donde se sitúa el nombre de esta causa y llegan a la línea principal, tanto por arriba como por abajo de esta.
- Causas secundarias o espinas. Se representan como líneas horizontales que salen del nombre de la causa y llegan hasta la línea de la causa primaria, tanto a izquierda como a derecha de esta.
- Causas o espinas menores. Son líneas oblicuas que salen de esta causa y llegan hasta la espina secundaria.
- Se puede ampliar el diagrama con tantos niveles como se quiera siguiendo esta estructura, pero no suele ser habitual.

Esquema general diagrama Ishikawa

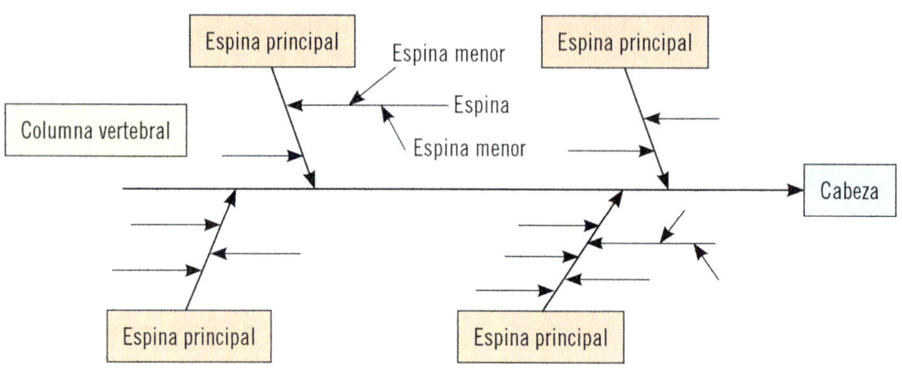

Actividades

9. Realice un breve esquema como resumen, en el que se indiquen los elementos principales que tendrá un diagrama causa/efecto. Enumere los elementos de forma genérica.
10. Según el esquema realizado en la anterior actividad, intente realizar ahora el diagrama de causa/efecto de manera genérica, sin visualizar el diagrama anterior.

3.2. Elaboración y ejemplificación del uso de los diagramas de causa/ efecto en la solución de problemas

Para la elaboración del diagrama de causa/efecto, es importante seguir un procedimiento ordenado y contar con la colaboración del mayor número personas involucradas en el caso de estudio.

Para la mejor comprensión del proceso de análisis y construcción del diagrama, se va a ir desarrollando en paralelo un ejemplo concreto que ilustra las distintas fases que lo componen.

Paso 1: identificación del problema

Es importante identificar claramente el problema, para no llevar a posibles interpretaciones o malentendidos, y ser lo más concreto posible, ya que, si el problema es muy genérico, el número de posibles causas puede ser demasiado grande y el diagrama perderá efectividad.

Se recomienda ponerlo por escrito y especificar qué se incluye y qué se excluye del análisis.

Identificar el problema: un usuario no puede imprimir un documento de su equipo personal (PC) en una impresora en red que está situada en su misma oficina y conectada a su misma sección (*switch* y VLAN) de red.

Paso 2: situar el resumen del problema o efecto

En este paso se empieza a generar el gráfico.

El resumen del problema identificado, que se va a denominar efecto, se dibuja a la derecha del papel o superficie que se va a utilizar (pizarra, papelógrafo, etc.), para dejar sitio para las causas, encerrado en un rectángulo. Desde la parte izquierda de la superficie de trabajo, se dibuja una flecha de trazo grueso, que termina en la caja que contiene el efecto y que se denomina línea principal o columna vertebral.

Ejemplo de representación del problema en el diagrama

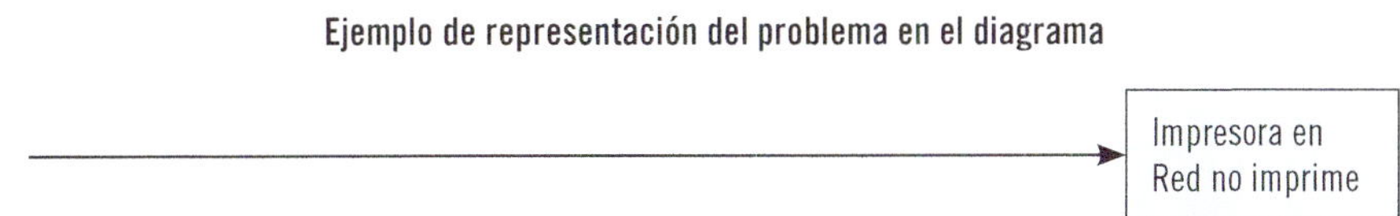

Paso 3: buscar las causas del problema identificado

Según las características del grupo de personas encargadas del análisis, se puede utilizar un método u otro que permita identificar posibles causas del problema definido.

Uno de los métodos más utilizados, por su buena efectividad, es la tormenta de ideas. Este método consiste en que todas las personas del grupo aportan ideas, en este caso, causas que puedan provocar el efecto estudiado. En una primera fase, todas las ideas se apuntan por extrañas o desacertadas que parezcan y, para esto, se suele dar un tiempo definido. La siguiente fase consiste en analizar las ideas apuntadas y, a partir de ellas, generar una lista de posibles causas, que serán las que se utilizarán para generar el diagrama de Ishikawa. En este análisis, es importante que no se identifiquen soluciones, sino solo las causas. Ejemplos:

- El PC no tiene red.
- El PC no tiene configurada la impresora.
- El programa desde el que se imprime tiene un error.
- La impresora no tiene red.
- La impresora no tiene papel.
- La impresora no tiene tinta.
- La impresora está apagada.
- La red no funciona.
- El *switch* está apagado.
- No hay corriente eléctrica en el CPD.
- Hay cables de red mal conectados en los paneles.
- Se han roto cables de red.

Recuerde

En la tormenta de ideas (o *brainstorming),* cada uno puede expresar sus ideas, aunque no resulten coherentes. Luego, de estas se puede llegar a una gran conclusión.

Paso 4: definir y dibujar las espinas principales

Las espinas principales suelen representar las categorías de causas generadas y suelen estar relacionadas con los recursos causales. Aunque en el método no es obligatorio utilizar unas categorías específicas, es común, sobre todo en procesos de fabricación, utilizar clasificaciones como las 5M (Máquinas, Mano de obra (personas), Materiales, Métodos y Mediciones). Estas categorías pueden ayudar, pero, en la mayoría de los casos, los títulos de los grupos serán distintos a los tradicionales y adaptados al problema que se está analizando.

Para obtener los grupos o categorías, se puede utilizar la lista de causas del apartado anterior, de donde se extraen las causas más generales o se generan clases o grupos de causas hasta que todas las causas identificadas queden asociadas a uno de ellos. En la mayoría de los casos, se suelen utilizar entre 4 y 6 grupos o espinas principales.

En el proceso, los pasos 3 y 4 se pueden invertir de orden: en primer lugar se buscan las causas más generales o categorías y se representan en el diagrama y posteriormente se realiza la tormenta de ideas para buscar causas más concretas, partiendo de las espinas principales.

Una vez identificadas las causas más generales o categorías, cada una de ellas se representan en el diagrama de causa/efecto dentro de un rectángulo, que se sitúa arriba o abajo de la línea principal y que se une a ella mediante una flecha, con una inclinación aproximada de unos 70°.

Por ejemplo, si se observa la lista de causas del ejemplo del paso 3, una posible clasificación podría ser según sean causas relacionadas con la impresora, el PC o la propia red.

Ejemplo de diagrama con las espinas principales

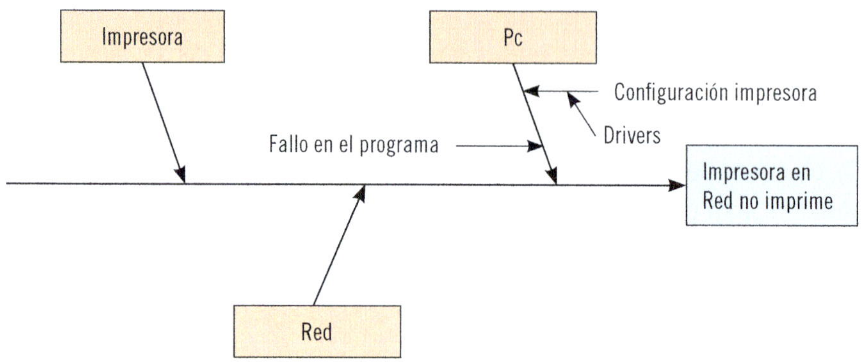

Actividades

11. Está resolviendo una incidencia de la red por la caída de un servidor. Empieza a realizar el esquema de causa/efecto. Piense en los recursos causales. ¿Cómo se definen y en qué consisten?

Paso 5: representar en el diagrama el resto de causas

La lista de causas probables, que ya están agrupadas según la categoría, se ordena desde la causa más genérica a la más concreta. La idea no es contar con una lista exhaustiva, sino favorecer el diálogo y la generación de ideas en el grupo de personas que están realizando el análisis. Para esta fase, puede ser útil emplear técnicas como la de los 5 Por Qué, que se basa en ir preguntando por qué, desde las causas más generales a las más específicas para clasificar las causas secundarias o incluso que surjan nuevas causas que antes no se habían contemplado.

Este análisis se continúa hasta que se obtienen causas raíces, que se controlan directamente sin la necesidad de buscar a su vez una causa de ellas.

Ejemplo

¿Por qué no se puede imprimir?

Porque la impresora no tiene conectividad de red.

¿Por qué no tiene conectividad de red?

Porque el *switch* está apagado.

¿Por qué está apagado el *switch?*

Porque hay un magnetotérmico en off.

Estas causas o espinas se van representando en el diagrama, con el nombre de la causa y una flecha que lleva hasta la espina del elemento que le afecta. En el caso de una espina que sea una flecha que vaya a una espina principal, debe ser paralela a la espina dorsal o línea principal. Si es una espina menor, que se une con una espina de las del caso anterior, la flecha debe ser paralela a la flecha de la espina principal y así sucesivamente, es decir, cada flecha es paralela a la flecha dos niveles anteriores a esta, como se puede observar en el siguiente diagrama.

Ejemplo de diagrama con las espinas principales

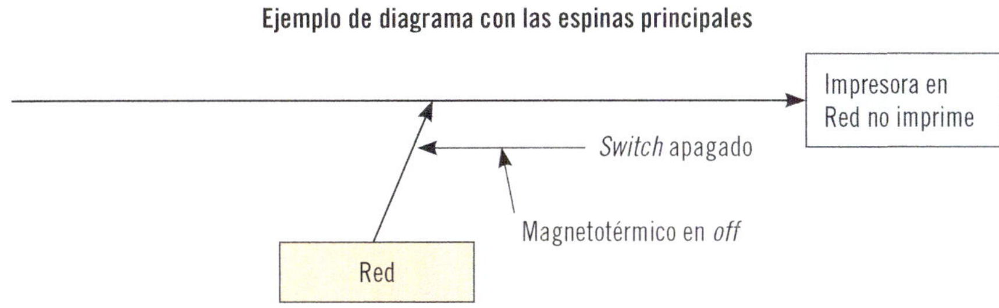

Es importante conservar la geometría, ya que facilita la visión del diagrama (está más ordenado) y mejora la comprensión y el análisis posterior del mismo.

Ejemplo de diagrama causa/efecto completo

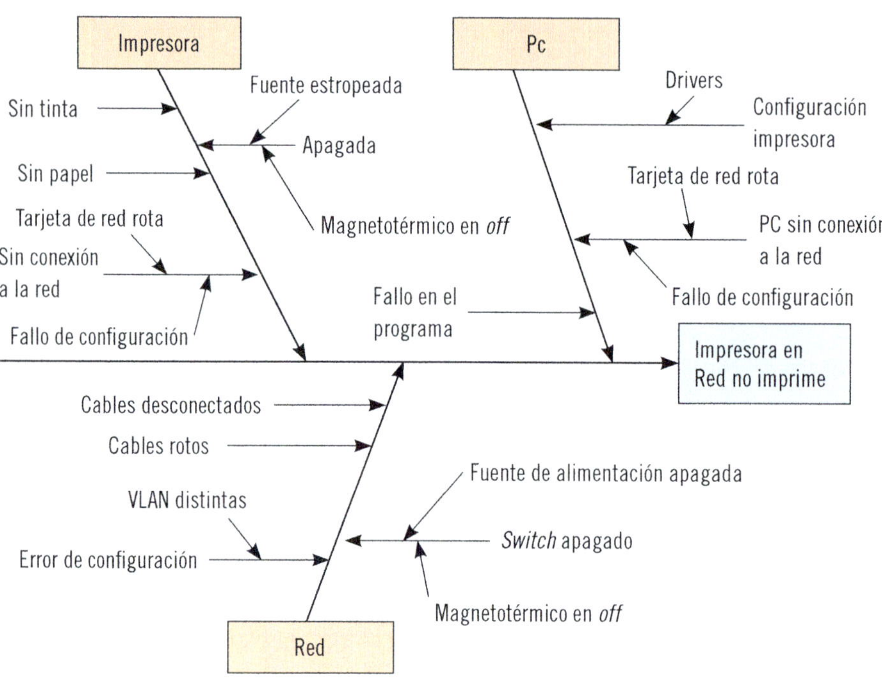

Actividades

12. En su empresa le notifican una incidencia en la que el correo electrónico de la empresa (correo corporativo) ha dejado de funcionar. Tiene que averiguar cuáles pueden ser las causas que han dado este problema. Para esto, va a realizar un esquema causa/efecto. Realice el esquema primero en el que tenga la espina principal y una categoría que sea de Red con su espina y 2 subniveles más con causas secundarias. Posteriormente se realizará el esquema completo.

Paso 6: comprobación del diagrama

Para comprobar el diagrama, se puede recorrer en sentido inverso, desde las causas raíz hasta el efecto o problema que se está analizando, y comprobar que tiene un sentido lógico.

Este proceso ayuda a detectar posibles errores de ordenación y a identificar pasos intermedios que se han omitido del análisis.

Ejemplo

Un magnetotérmico caído (en *off)* causa que el *switch* de red esté apagado, lo que causa que la impresora no tenga conectividad de red y que no se pueda imprimir.

Paso 7: resultados del análisis

El resultado que se tiene es un diagrama que incluye causas ordenadas, que pueden provocar el problema estudiado. Estas causas son opiniones del equipo de personas que ha realizado el análisis y normalmente hay que comprobarlas y verificarlas en la práctica.

Como resultado del análisis, es una buena práctica que el equipo identifique cuáles de las causas detectadas son las más probables, para que este proceso de verificación empiece por ellas. Las causas más probables se suelen representar encerrándolas en un círculo o con un asterisco.

Ejemplo de diagrama con las causas más probables

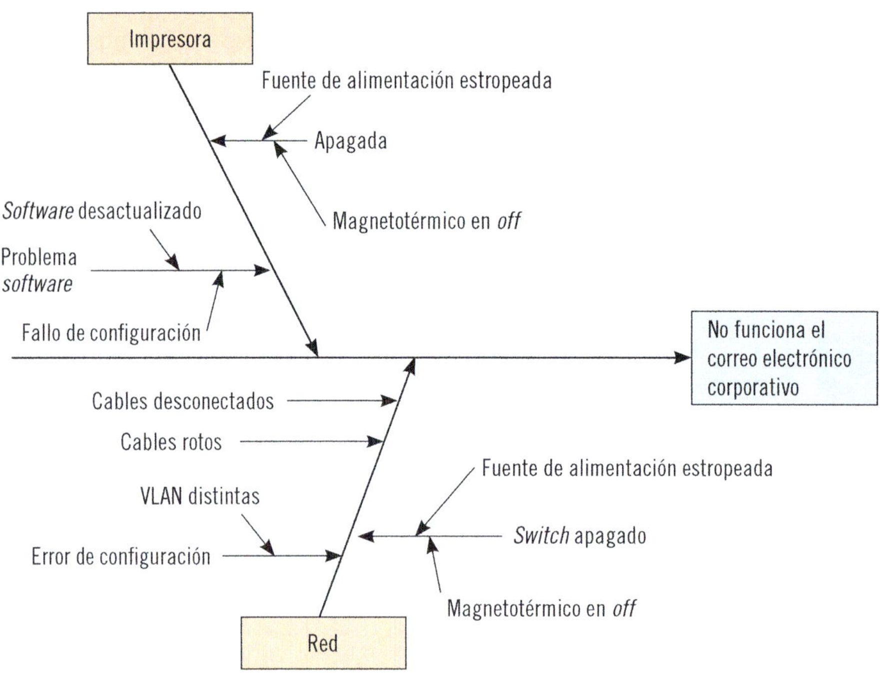

A modo de conclusión y para finalizar esta ejemplificación, cabe destacar que la utilización de diagramas causa/efecto en la gestión de problemas proporciona una forma gráfica y útil de ordenar gran cantidad de información acerca de las causas probables que pueden llegar a provocar un incidente concreto. Estos diagramas no dan la solución al problema, pero pueden ayudar a identificarlo, ya que proporcionan causas probables, que se pueden verificar y comprobar para intentar solucionar el problema.

En resolución de incidencias, estos diagramas se pueden tener disponibles en las bases de datos, para los problemas conocidos, ya que pueden ser útiles en las fases de diagnóstico y corrección de los problemas. Es una buena práctica realizarlos para los nuevos problemas que surjan, si no es posible durante la crisis provocada por el problema, en una fase de análisis posterior a su resolución.

Aplicación práctica

Imagine que está en una empresa que da soporte a una red de oficinas y le llega una incidencia en la que no funciona el correo electrónico de la empresa (correo corporativo). Realice el diagrama causa/efecto que se ha descrito, suponiendo las posibles causas que puedan generar este error. Imagine las categorías de las causas principales. En este caso, se pueden reducir a 2.

SOLUCIÓN

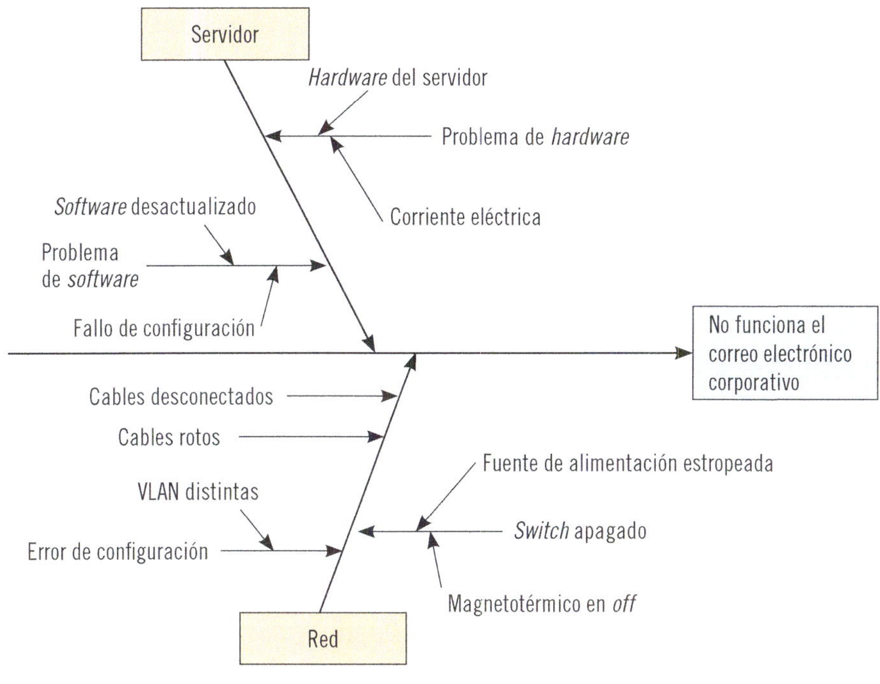

4. Descripción de la funcionalidad y criterios de utilización de herramientas *hardware* de diagnóstico

Cuando ocurre una incidencia, se puede decir que es por muy distintas causas. Hay que saber por lo que es y de dónde viene la incidencia. Pero también es muy importante distinguir si es posible que sea una incidencia *hardware* o *software.*

Igualmente, muchas veces se debe realizar un diagnóstico y para ello se deben hacer las comprobaciones de ambos tipos de herramientas *(hardware* y *software).* Por lo tanto, estas herramientas son utilizadas tanto para el diagnóstico inicial como para el análisis posterior de la incidencia a tratar.

En este caso, las herramientas *hardware* a utilizar se estudian a continuación.

4.1. Polímetro

El polímetro es un aparato de medida que puede medir distintas magnitudes. También se le puede llamar tester o multímetro. Mide magnitudes eléctricas o electrónicas.

En principio, está diseñado para medir el voltaje, la intensidad o la resistencia eléctrica, pero puede medir también las capacidades de los condensadores, la continuidad o alternancia de la corriente eléctrica, etc. El cometido principal del polímetro es comprobar que un circuito eléctrico funciona correctamente.

Hace unos años, solo existían polímetros analógicos, hechos con galvanómetros. Consistían en una serie de entradas en donde se enchufaban los cables y una aguja que se movía según las magnitudes que se medían.

Actualmente, existen también polímetros digitales, que dan los valores en formato digital. Además, tanto analógicos como digitales actualmente son aparatos bastante asequibles para el público en general.

Polímetro

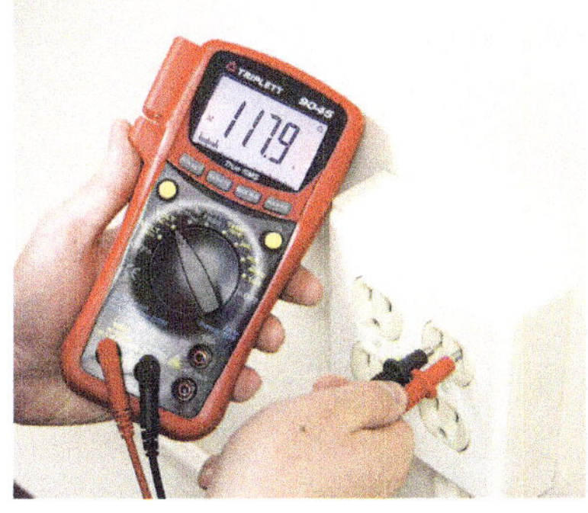

Polímetro conectado midiendo la tensión de un circuito

Definición

Galvanómetro

Bobina eléctrica que se mueve cuando pasa la corriente. De esta manera, se utiliza para medir corrientes eléctricas, ya que se le asocia una aguja y esta se mueve proporcionalmente a la intensidad que atraviesa dicha bobina.

Actividades

13. Un polímetro puede medir varias cosas. Describa las que puede medir principalmente. Investigue: ¿podría medir también capacidades e inductancias? ¿Y la continuidad de la corriente que pasa por un cable?

Funcionamiento

En el polímetro, se pueden observar tres puntos importantes:

- *Display* donde se muestra el resultado de la medición o ventana en la que se encuentra la aguja y la escala de la medida.
- Selector de la magnitud que quiere conocer.
- Conectores donde se deben introducir las dos clavijas (roja y negra), que son las que interactúan con el medio a medir.

Para medir tensión o voltaje, lo primero es poner la rueda en la zona de medida de voltaje y, posteriormente, cada clavija en cada punto del circuito que se pretenda medir. Así, se medirán diferencias de tensión (normalmente llamadas diferencias de potencial).

Medida de tensión con un polímetro

Para medir voltajes o tensiones absolutas hay que poner la clavija de color negro en el polo negativo (tierra o masa) y la otra en el otro polo (positivo).

Para medir resistencias eléctricas (medidas en ohmios), se debe poner el selector en la zona destinada a la medida de las resistencias, colocando cada clavija en cada uno de los lados de la resistencia. Esto provoca el paso de una corriente a través de la resistencia y así se conoce el valor de la misma.

Medida de una resistencia con un polímetro

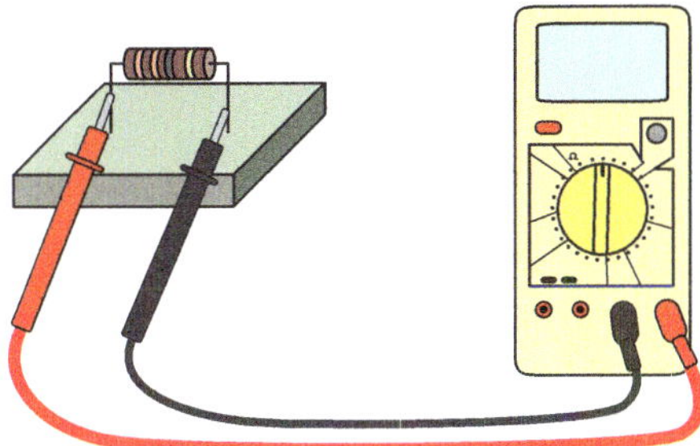

Para medir la intensidad eléctrica, es algo más difícil. En este caso, se debe abrir el circuito e intercalar el equipo de medida para que esta pase por el polímetro. Lo que se hace es poner la rueda en la medida de intensidad. Se interrumpe el circuito y se conecta la clavija negra en un extremo del circuito. Se conecta la clavija roja en el otro extremo para, de esta manera, se cierra de nuevo el circuito (el polímetro hace de puente en este caso). El polímetro deberá ofrecer una resistencia prácticamente nula, para que no se falseen las medidas.

Medida de la intensidad con un polímetro

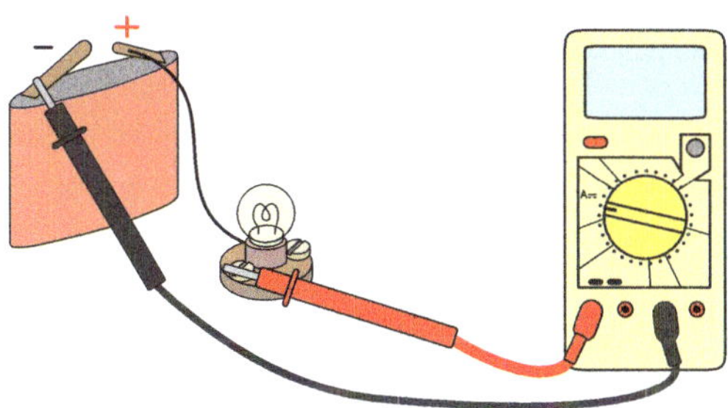

Así pues, con el polímetro se puede medir todo lo que tiene que ver con la corriente eléctrica y se puede obtener un diagnóstico inicial en el que se puede ver si es un problema eléctrico.

La dificultad es que, en este caso, el problema se debe estudiar in situ, así que una persona se tiene que desplazar con el aparato en cuestión e ir haciendo las mediciones oportunas a lo largo de toda la red hasta poder concretar dónde está el fallo. Para redes amplias, se requiere un uso temporal importante de recursos humanos.

Aplicación práctica

Acaba de comprar un nuevo polímetro para el mantenimiento de la red a la que da soporte su empresa. Para conocer cómo se utiliza va a probar a realizar tres medidas: diferencia de potencial (tensión), una resistencia y una intensidad. A la hora de medir, coloca una de las clavijas en el sistema que se debe medir y la otra en una pieza metálica que realizaría las labores de tierra. ¿Es correcta la forma de hacerlo?

SOLUCIÓN

No es correcta. Se debe colocar cada clavija en un extremo del elemento a medir en el caso de resistencia y tensión. En el caso de la intensidad, se debe abrir el circuito y se intercala el polímetro como parte de él. Una vez colocado correctamente, se medirá de la siguiente forma, según la magnitud que se quiera obtener:

Para medir tensión o voltaje, lo primero es poner la rueda en la zona de medida de voltaje y posteriormente se pone cada clavija en cada punto del circuito que se pretenda medir.

Para medir resistencias eléctricas (medidas en ohmios), se debe poner la rueda en este sector, el que especifica la medida de resistencias, y se pone cada clavija a un lado de la resistencia.

Para medir la intensidad eléctrica, es algo más difícil. En este caso, se debe abrir el circuito para que esta pase por el polímetro. Lo que se hace es poner la rueda en la medida de intensidad. Se abre el circuito y se pone la clavija negra en una zona del circuito. Se pone la clavija roja en la otra y de esta manera se cierra de nuevo el circuito (el polímetro hace de puente en este caso).

4.2. Comprobador de cableado

El comprobador de cables de red, del cual en ocasiones se utiliza su nombre inglés *LAN tester,* se utiliza para estudiar la continuidad de estos cables, por los que se realizan las comunicaciones de Internet.

Actualmente, las redes, en su mayor parte, usan los cables de par trenzado, que son los cables UTP o STP. Por eso los comprobadores de red o de cable más usados son los que comprueban estos tipos de cable. Este tipo de *tester* es muy usado y se puede encontrar fácilmente y a muy distintos precios.

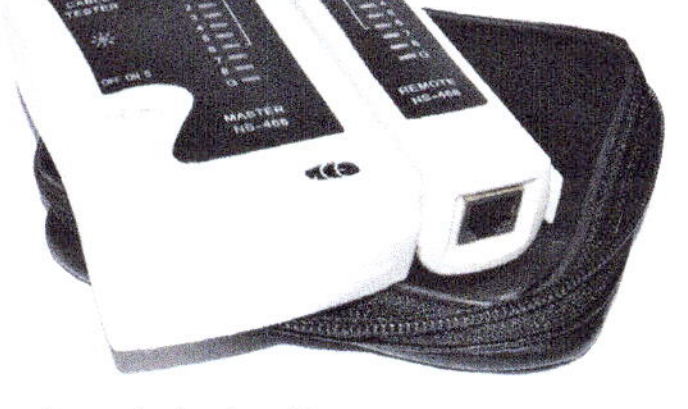

Comprobador de cable

Operario realizando la comprobación de los cables conectados

Definición

Cables UTP, STP o FTP

Cables que en su mayor parte se usan para la transmisión de datos por Internet, en el uso doméstico y de oficinas. Están compuestos por cables de par trenzado, que son dos cables de cobre trenzados de una manera específica y un aislamiento. Este tipo de cables dispone de un conector específico que se denomina RJ45.

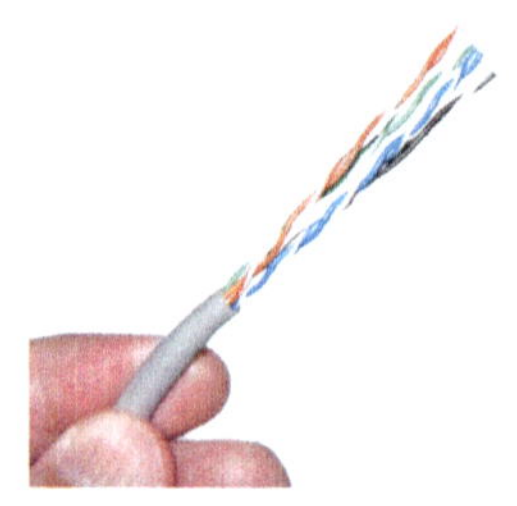

Cables de pares trenzados

Conectores RJ45

Funcionamiento

El aparato está compuesto por dos dispositivos. Estos dispositivos tienen ambos una entrada RJ45. Se conecta cada extremo del cable a cada uno de estos dispositivos. Una vez encendido el comprobador, se verán una serie de luces que corresponden a los distintos cables de par trenzado que componen el cable de red. Si el cable es directo, se verán las luces en el orden que están en el comprobador. Si el cable es cruzado, se verán en distinto orden. Pero lo importante es que todos los cables tengan su correspondiente chequeo correcto en ambos extremos. Si se comprueba que una de las luces no se enciende en uno de los extremos, entonces se puede decir que el cable no está funcionando.

Cuando los cables ya están instalados dentro de un edificio, a través de suelos y paredes a los que no se tiene acceso, se puede enchufar cada dispositivo en cada terminal del cable y así realizar la comprobación.

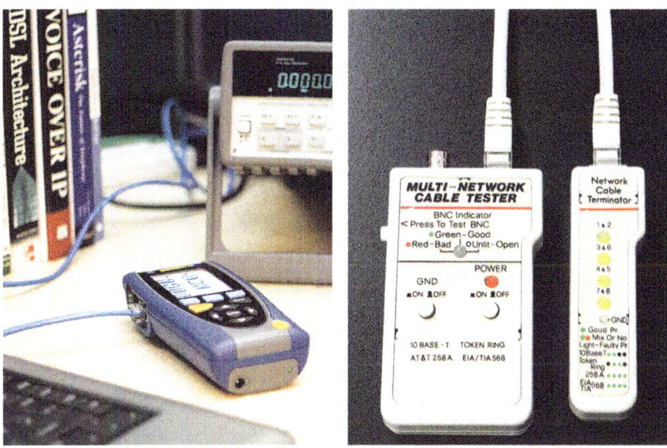

Funcionamiento del comprobador de cables realizando un testeo

Actualmente, existen dispositivos que tienen incluso un *software* incorporado que permite determinar el tráfico y la IP de la red o el punto exacto de rotura.

Actividades

14. El comprobador de cables ¿puede especificar si un cable está roto?, ¿puede especificar la IP que se le asigna a un dispositivo?, ¿puede arreglar este cable en el momento de la comprobación?, ¿puede localizar un cable dentro de un haz de cables?

4.3. Generador y localizador de tonos

El generador de tonos es una herramienta que permite localizar los cables. Con esta herramienta y sin tener que pinchar en el cable físicamente, se puede localizar por dónde van los cables. También consigue localizar un par de cables en una manguera de pares de cable.

Se usa en los cableados de comunicación, como los cables de red Ethernet, los cables de telefonía, etc. De hecho, en el terminal generador de los tonos se encuentran distintos tipos de conectores para los diferentes cableados que se necesiten identificar.

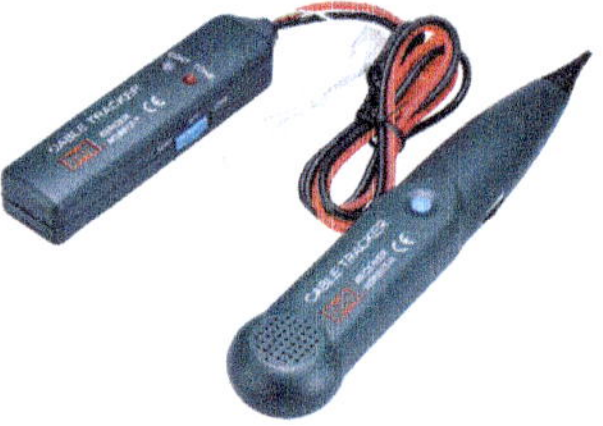

Generador y localizador de tonos

Funcionamiento

El generador de tonos se compone de dos dispositivos también (como el comprobador de cables). Con un dispositivo se conecta el extremo al conector del cable que se desea chequear.

Este dispositivo envía un pulso o tono al cable. El otro dispositivo detectará el tono que ha enviado su homólogo y así se podrá saber por dónde va el cable o por cuál de los cables dentro de una manguera, ya que emitirá una señal cuando detecte el tono.

Por lo tanto, este dispositivo es muy útil para saber por dónde va un cable determinado, por ejemplo por una pared, sin necesidad de romperla, y para poder distinguir un cable dentro de una manguera.

Funcionamiento del generador y localizador de tonos

Actividades

15. Con un generador de tonos, ¿se pueden medir la tensión y la resistencia de un cable en concreto? ¿Se puede localizar un cable dentro de un haz de cables? ¿Y detrás de una pared?

4.4. Reflectómetro de dominio temporal

Los reflectómetros de dominio temporal o TDR, que son sus siglas en inglés, *Time Domain Reflectometry,* son dispositivos muy utilizados en redes extensas, ya que permiten localizar fallos en el cableado y en las redes en sitios muy distantes. Son capaces de distinguir y localizar el fallo.

Se usan especialmente en cables de fibra óptica, que son los cables que se suelen emplear más en las redes extensas.

También se usan en el mantenimiento de las redes en general, no solo para detectar fallos, sino para poder saber dónde se produce un deterioro que puede provocar un fallo más general o que decremente la calidad, en cierta manera, de la señal.

Reflectómetro de dominio temporal

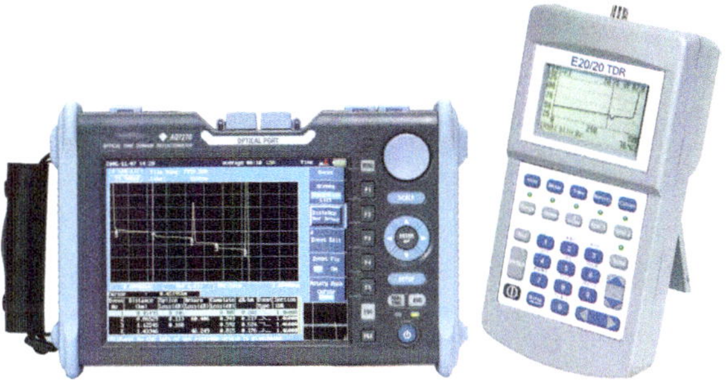

Funcionamiento

El dispositivo emite un tono dentro de la red. Si esta señal llega hasta el final sin que nada la refleje y con la atenuación adecuada, previamente estudiada, no hay ningún problema. Entonces, se pude deducir que esa red no está con ningún fallo, en principio. Pero si la red tiene alguna fractura o algún problema físico, la señal enviada se verá reflejada en parte o completamente, depende del caso. Así, si hay un empalme inadecuado o una oxidación, por ejemplo, parte de la señal se verá reflejada, y si lo que hay es una rotura de la red, por ejemplo, de manera que está abierta completamente, se reflejará la señal completa (siempre considerando la atenuación).

Esta señal reflejada revierte en distinta información: se puede saber el tipo de rotura que hay en la red dependiendo de la intensidad de la señal de vuelta, pero, lo que es más importante, se puede saber el lugar donde está el problema, ya que se puede hacer un cálculo con lo que tarda este tono en ir y volver. Con este cálculo, se debe conocer cuál es el tiempo que tarda la señal en condiciones óptimas y se puede calcular aproximadamente esta distancia.

Así, en grandes redes, facilita bastante las cosas, porque, aunque hay que buscar dónde puede estar el problema, acota bastante el lugar.

Actividades

16. ¿Para qué es útil un TDR? ¿En qué puede ayudar en la resolución de incidencias? ¿En qué facilita la función del administrador de redes?

4.5. Certificador de cableado

Un certificador de cableado es un instrumento que realiza un testeo completo de la red en su totalidad. De esta manera, determina si la infraestructura de la red, así como cada una de sus partes, funciona correctamente y si las dimensiones y el conjunto están correctamente conectados y funcionando.

El certificador de cables es un instrumento mucho más completo y engloba todos los estudiados anteriormente. Es bastante más costoso, ya que ofrece mejores prestaciones. Dependiendo del tamaño de la empresa, si esta es grande y trabaja con grandes redes, es muy útil tener esta herramienta, ya que realiza todos los test que se describen anteriormente.

Certificador de cableado

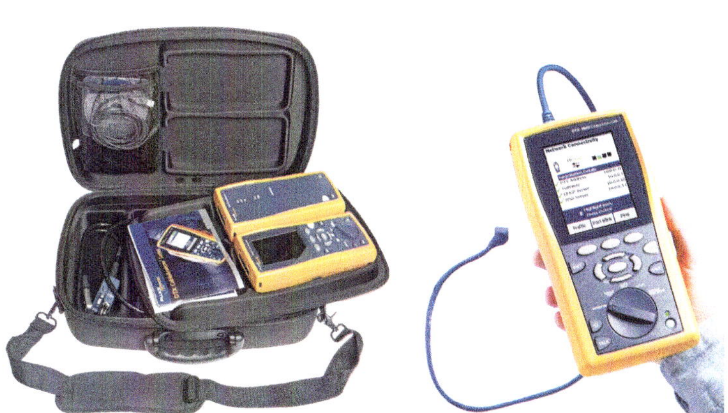

Funcionamiento

Al ser un conjunto de distintos dispositivos, tiene una gran cantidad de funcionalidades como se han descrito e incluso puede tener más.

En este caso, también se compone de dos dispositivos. Tiene una pantalla con las posibles funciones en digital y se puede elegir una u otra según lo que se esté buscando o se quiera analizar. Así, podrá hacer de comprobador de cables, de generador de tonos, etc.

Es un dispositivo muy completo para la administración de redes.

Actividades

17. ¿Qué aporta un certificador de cableado que no aportan los demás dispositivos?

Aplicación práctica

Está trabajando en una empresa que da soporte a redes y sistemas. Como herramienta hardware solo tiene un comprobador de cableado. La empresa ha crecido mucho y está dando soporte a un gran número de redes en la actualidad. Pero cada red, como cada cliente, es distinta, a algunas se tiene fácil acceso y a otras cuesta más acceder. También le dice que tiene que comprar una herramienta para que facilite la labor de gestión de incidencias *hardware* y que no es relevante el dinero que se gaste en esta/s herramienta/s. ¿Qué herramienta/s *hardware* de las descritas compraría?

SOLUCIÓN

Se pueden comprar todas las herramientas descritas aquí, porque cada una hace una función distinta. Así que, dependiendo de la red, todas serían útiles. Pero la que realmente cumple todas las funciones y es más útil sería un certificador de cableado, ya que cubre todas las necesidades.

5. Descripción de la funcionalidad, criterios de utilización y ejemplificación de herramientas software de diagnóstico

Hasta ahora, se ha hecho un estudio de los problemas que puede haber de manera física, es decir, cuando hay problemas con el *hardware,* pero otra parte muy importante para la resolución de incidencias en redes es la parte *software.*

Puede ser que no haya absolutamente ningún error físico, pero que sí haya un problema en las configuraciones de la red, en el dimensionamiento previo, etc. Para el estudio de estas circunstancias, se usan otro tipo de herramientas,

herramientas *software,* que se instalan y se utilizan desde el PC del administrador o administradores de la red. Estas herramientas son muy interesantes, porque indican cómo va la red y además la mayoría de las veces se puede hacer un diagnóstico desde el puesto del administrador, en remoto. Es *software* que testea la red y se dedica a controlar todo lo que pasa por esta. En el mundo de la informática, estos programas se llaman *sniffers,* ya que se dedican a oler todo lo que pasa por la red.

Por otro lado, tienen un pequeño inconveniente: para hacer uso de estas herramientas, normalmente se deben tener conocimientos de gestión de redes, porque, aunque se puede entender lo básico, en muchas ocasiones los datos que se reciben de estas herramientas no son datos fáciles de estudiar si no se tiene una buena base de conocimientos de redes.

5.1. Monitor de red

Un monitor de red o *network monitor* es aquel que es capaz de tomar los paquetes de la red y sacarlos a un interfaz visible por el usuario o a otro *software* para su posterior análisis de estos paquetes. Es a lo que se le llama en terminología de administradores de redes un *sniffer,* ya que se dedica a oler los paquetes y a volcarlos a la interfaz del usuario o en otro sistema que analice el protocolo.

Monitor de red
Sistema que se dedica a leer o, como se dice en el mundo de la administración de redes, sniffar los paquetes que viajan por una red en concreto para posteriormente volcar la información en un sistema de visualización al usuario o en sistemas capaces de analizar y realizar ciertas acciones con lo obtenido.

Un monitor de red se utiliza normalmente para prevenir un posible fallo en la red. Son herramientas que pueden estar trabajando todo el tiempo sin interrupciones y así pueden detectar cualquier fallo que pueda ocurrir en la red. Normalmente, trabajan con otro tipo de herramientas, ya que así es más fácil de gestionar, pues la lectura de las trazas que devuelven es difícil de comprender.

También se puede usar para la gestión de un incidente en concreto. Para esto, se debe poner en la red a analizar y va capturando los paquetes. Este tipo de sistemas normalmente se integra dentro de un sistema más complejo.

En el mercado hay varios monitores de redes. Son sistemas que no solo son monitores de red, sino que analizan los protocolos o gestionan la red. Así, están *Microsoft Network Monitor, WireShark, Tcpdump, Snoop, Nagios,* etc.

Los monitorizadores también se usan dentro de sistemas como IDS o IPS *(Intrussion Detection/Prevention Systems)* o sistemas detectores de intrusos.

Actividades

18. Investigue en Internet qué es un sniffer y qué labores de redes realiza.

5.2. Analizador de protocolos

Un analizador de protocolos es aquel sistema capaz de recoger los paquetes que van por la red y analizar el tipo de protocolo, estudiando el paquete y decodificándolo, para poder hacer filtrados de los paquetes y otro tipo de estudios.

Es algo más sofisticado que un monitor de red, pero hace uso de este tipo de sistemas.

Definición

Analizador de protocolos
Sistema capaz de leer y descifrar los paquetes que viajan por la red, de manera que puede ofrecer al usuario o a otro programa de gestión de redes un análisis del paquete, especificando el tipo de protocolo y otra información que va codificada en el paquete que se transmite a través de la red.

Protocolo de red
Conjunto de reglas y normas con las que se realiza la comunicación entre los dispositivos que pueda haber en una red. Estas reglas consiguen que se comuniquen con el mismo lenguaje y, por tanto, se entiendan estos dispositivos. Ejemplos de protocolos son: *HTTP, SMTP,* etc.

El analizador de protocolos se usa junto al monitor de red. El analizador utiliza las trazas que son devueltas por un sistema que lee los paquetes y según unos criterios predefinidos los clasifica. El analizador es muy útil en una incidencia porque, según la definición que tenga este analizador, podrá discernir entre paquetes correctos y no correctos dentro de la red. También se puede utilizar en otro tipo de sistemas que trabajan a tiempo real para gestionar la red.

Se utiliza colocándolo dentro de la red en la que se encuentra la incidencia y se configura de manera que huela o *sniffe* los paquetes y luego los analiza, descartando los que son buenos y los que no. El sistema que *sniffa* los paquetes es el monitor de red.

Nota

La palabra *sniffar* es la comúnmente usada entre los administradores de red para especificar el hecho de que un sistema lea los paquetes que viajan a través de la red.

El analizador de redes, como se ha dicho, se integra dentro de sistemas que tienen otro tipo de funcionalidades. Integrados con el monitor de redes, más adelante aparecen los más usados actualmente. Son sistemas que a su vez integran varias funcionalidades, no los hay que solamente realicen una función. Así, están *Microsoft Network Monitor, WireShark, Tcpdump, Snoop, Nagios,* etc.

Como el monitor de red, también se usan dentro de sistemas gestores de red y como IDS o IPS *(Intrussion Detection/Prevention Systems)* o sistemas detectores de intrusos.

5.3. Monitor de red vs analizador de protocolos

A la hora de la verdad, cuando se analizan todo tipo de herramientas, no se pueden distinguir entre unas y otras, ya que un analizador de protocolo necesita de un *sniffer* y un monitor de red en realidad suele analizar el protocolo también, siempre lo lleva como valor añadido. De hecho, se pueden encontrar las herramientas que se van a describir a continuación en las dos versiones.

Hay sistemas más automatizados, tales como los gestores de redes, y menos automatizados, que lo que hacen es lanzar las trazas y la persona o personas que se encargan de la resolución de incidencias o administración de redes son los que valoran y estudian lo que le dan.

Para monitorizar las redes, existen distintas herramientas y cada vez son más usadas por los administradores porque son realmente útiles, primero para hacer un diagnóstico inicial y luego para hacer el diagnóstico e intentar solucionar definitivamente el problema. Los monitores de red o *network monitors* son herramientas que, como su propio nombre indica, observan los paquetes que van por la red y devuelven una serie de *logs* o trazas para ser estudiados por el administrador de redes. Estas trazas son los paquetes que se mandan a través de la red con la información de lo que se está transmitiendo.

A continuación, se van a listar algunos y, a modo de ejemplo, se estudiará uno en concreto, bastante usado actualmente.

Actividades

19. En una empresa que tenga *software* de gestión de redes, ¿es necesario que también haya personal administrador de redes o las herramientas pueden hacerlo todo?

Tcpdump

Es una herramienta que se utiliza en sistemas *Linux* y *Unix*. También expone trazas y *logs* sobre los paquetes que pasan por la red y de la misma manera son trazas difíciles de tratar, por lo que suele ser gente muy conocedora del tipo de paquetes que viajan por una red la que puede leer y dar un diagnóstico sobre estas trazas. Al ser en *Linux,* se suele dar el caso de que las personas que usan este tipo de programas suelen ser personas que conocen los protocolos de red. Es fácil de instalar y tiene muchas opciones sobre la salida que se quiera que se tenga de estas trazas.

```
root@ubuntu:/home/ubuntu# tcpdump
tcpdump: verbose output suppressed, use -v[v]... for full protocol decode
listening on ens160, link-type EN10MB (Ethernet), snapshot length 262144 bytes
12:19:54.550615 IP 192.168.245.140.51080 > 239.255.255.250.1900: UDP, length 137
12:19:54.551475 IP 192.168.245.140.mdns > mdns.mcast.net.mdns: 0 PTR (QM)? _googlecast._tcp.local. (40)
12:19:54.551614 IP6 fe80::2514:4d8c:7615:ddd7.mdns > ff02::fb.mdns: 0 PTR (QM)? _googlecast._tcp.local. (40)
12:19:54.600113 IP ubuntu.46573 > _gateway.domain: 62388+ PTR? 140.245.168.192.in-addr.arpa. (46)
12:19:54.657601 IP _gateway.domain > ubuntu.46573: 62388 NXDomain*- 0/0/0 (46)
12:19:54.657921 IP ubuntu.46627 > _gateway.domain: 12692+ PTR? 250.255.255.239.in-addr.arpa. (46)
12:19:54.715010 IP _gateway.domain > ubuntu.46627: 12692 NXDomain*- 0/0/0 (46)
12:19:54.715332 IP ubuntu.54358 > _gateway.domain: 11286+ PTR? 251.0.0.224.in-addr.arpa. (42)
12:19:54.729514 IP _gateway.domain > ubuntu.54358: 11286 1/0/0 PTR mdns.mcast.net. (70)
12:19:54.730739 IP ubuntu.53389 > _gateway.domain: 25676+ PTR? b.f.0.0.0.0.0.0.0.0.0.0.0.0.0.0.0.0.0.0.0.0.0.0.0.0.0.0.0.0.2.0
.f.f.ip6.arpa. (90)
12:19:54.791808 IP _gateway.domain > ubuntu.53389: 25676 NXDomain*- 0/0/0 (90)
12:19:54.792241 IP ubuntu.48304 > _gateway.domain: 53177+ PTR? 137.245.168.192.in-addr.arpa. (46)
12:19:54.811211 IP _gateway.domain > ubuntu.48304: 53177 NXDomain*- 0/0/0 (46)
12:19:54.811445 IP ubuntu.49712 > _gateway.domain: 25501+ PTR? 2.245.168.192.in-addr.arpa. (44)
12:19:54.866068 IP _gateway.domain > ubuntu.49712: 25501 NXDomain*- 0/0/0 (44)
12:19:55.557251 IP 192.168.245.140.mdns > mdns.mcast.net.mdns: 0 PTR (QM)? _googlecast._tcp.local. (40)
12:19:55.557252 IP6 fe80::2514:4d8c:7615:ddd7.mdns > ff02::fb.mdns: 0 PTR (QM)? _googlecast._tcp.local. (40)
12:19:57.556998 IP 192.168.245.140.51080 > 239.255.255.250.1900: UDP, length 137
12:19:57.572842 IP 192.168.245.140.mdns > mdns.mcast.net.mdns: 0 PTR (QM)? _googlecast._tcp.local. (40)
12:19:57.572974 IP6 fe80::2514:4d8c:7615:ddd7.mdns > ff02::fb.mdns: 0 PTR (QM)? _googlecast._tcp.local. (40)
12:19:58.499446 IP ubuntu.38846 > carpaccio.canonical.com.https: Flags [.], ack 439877824, win 65535, length 0
12:19:58.499694 IP carpaccio.canonical.com.https > ubuntu.38846: Flags [.], ack 1, win 64240, length 0
12:19:58.550854 IP ubuntu.50419 > _gateway.domain: 29301+ PTR? 42.91.189.91.in-addr.arpa. (43)
12:19:58.589120 IP _gateway.domain > ubuntu.50419: 29301 1/0/0 PTR carpaccio.canonical.com. (80)
12:19:59.778509 ARP, Request who-has _gateway tell ubuntu, length 28
12:19:59.778710 ARP, Reply _gateway is-at 00:50:56:e5:e4:2a (oui Unknown), length 46
12:20:00.079450 IP ubuntu.60196 > _gateway.domain: 15055+ A? metrics.ubuntu.com. (36)
12:20:00.079518 IP ubuntu.59803 > _gateway.domain: 13973+ AAAA? metrics.ubuntu.com. (36)
12:20:00.109592 IP _gateway.domain > ubuntu.60196: 15055 1/0/0 A 162.213.33.48 (52)
12:20:00.112979 IP _gateway.domain > ubuntu.59803: 13973 0/1/0 (97)
12:20:00.113114 IP ubuntu.36254 > 162.213.33.48.https: Flags [S], seq 3376361959, win 64240, options [mss 1460,sackOK,TS v
al 3609166341 ecr 0,nop,wscale 7], length 0
12:20:00.214964 IP ubuntu.46804 > _gateway.domain: 37055+ PTR? 48.33.213.162.in-addr.arpa. (44)
```

Tcpdump

Snoop

Herramienta muy parecida a *Tcpdump,* pero usada en *Solaris.* Se usa en modo consola también y, al igual que en *Tcpdump,* las trazas que se extraen deben ser leídas por personas conocedoras de la materia.

Wireshark

Es una de las herramientas más utilizadas actualmente por los administradores de red. Igual que las demás, de esta se obtienen unas trazas que deben de ser leídas por personas conocedoras de la materia.

Es una herramienta de *software* libre y tiene una interfaz gráfica bastante amigable para el usuario. Se puede instalar en todos los sistemas operativos, *Linux, Windows, Solaris, Mac OS,* etc. Esto es lo que lo hace tan popular, además de su interfaz gráfica amigable para el usuario.

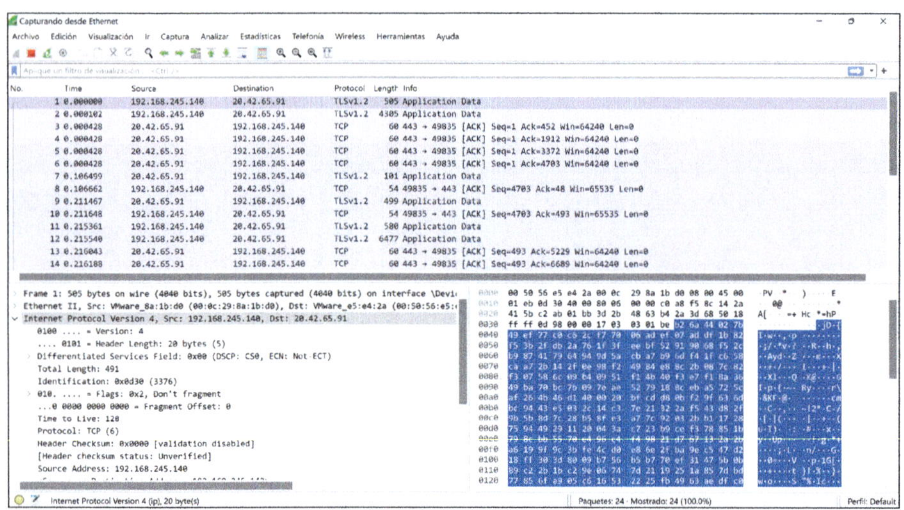

Wireshark

Nagios

Es otro de los sistemas más usados actualmente. Realiza la monitorización de la red, además de analizar los protocolos para alertar o dar información de todo lo que ocurre en la infraestructura de la red. Lo que lo hace tan popular es el hecho de que *Nagios* va más allá de un simple analizador y monitorizador, ya que hace funciones de gestor de redes.

Es *software* libre, así que puede ser usado por todo el mundo, pero solo funciona bajo *Linux* y algunas versiones de *Unix,* lo que hace que los administradores que trabajan sobre otros sistemas operativos, como *Windows,* no lo tomen como opción, ya que tendrían que tener una máquina con *Linux.*

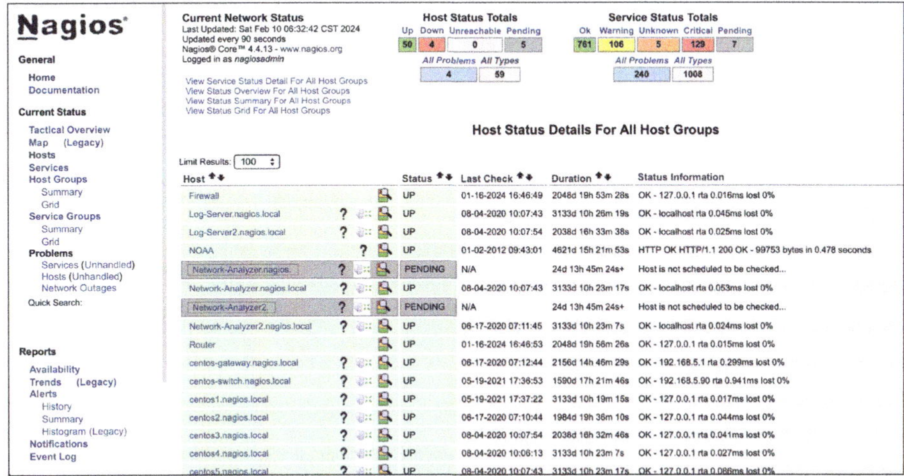

Nagios

Además de las descritas aquí, hay otras herramientas que hacen uso en su parte más baja (a nivel de red) tanto de monitores de red como de analizadores de protocolo. Estas herramientas son más sofisticadas y van más allá de las pretensiones de este capítulo, pero no está de más nombrarlas, ya que pueden llegar a ser muy útiles para un administrador de redes.

Gestor de redes

Es un monitor/analizador que está en constante funcionamiento chequeando la red y estudiando los posibles fallos que esta pueda tener. Lo que lo hace tan útil es que se puede configurar de manera que si hay un fallo importante puede enviar una alarma (por *e-mail,* SMS, pantalla, etc.) al administrador o administradores de red para su posible arreglo en el menor tiempo posible. Hay gran variedad de gestores, entre ellos *Nagios,* que se puede utilizar como un gestor de redes.

IPS o IDS (Intrusion Prevention System o Intrusion Detection System)

Son sistemas preventores o detectores de intrusos. Usan en su base también sistemas de *sniffers* para captar los paquetes que van por la red y así detectar alguna anormalidad. En este caso en concreto, se busca más una anormalidad que pueda provenir del exterior, pero son configurables para cualquier tipo de parámetros y pueden utilizarse para detectar posibles fallos de la red.

Nota

Hay más herramientas de monitorización y análisis. Se han nombrado las más usadas actualmente y en el último epígrafe se trabajará con una de ellas en concreto.

Actividades

20. *Wireshark* y *Nagios* son actualmente las herramientas más utilizadas. Investigue las diferencias que hay entre ambas y cuáles serían los distintos usos que les darían.

5.4. Utilidades TCP/IP: ping, traceroute, ARP, netstat

Para la administración y gestión de incidencias, existen una serie de comandos útiles para las comprobaciones inmediatas del estado de la red, así como del diagnóstico inicial. Estas utilidades son comandos que suelen tener todos los sistemas operativos disponibles y, si no los tienen, se les pueden instalar.

Son comandos muy utilizados diariamente cuando se trabaja con redes. En sistemas *Linux* y del mismo tipo *(Unix, Solaris, AIX,* etc.), se utilizan desde consola. En sistemas *Windows,* se debe ejecutar la consola de *Windows* (cmd) aunque también se pueden instalar herramientas desde las que se pueden usar de estos comandos con una interfaz gráfica a modo de ventanas. A continuación, se describen cada uno de estos comandos.

Ping

Es un comando utilizado en la administración de redes para conocer si los sistemas están operativos. Así, se puede conocer si está caído el sistema o los paquetes, por cualquier motivo, no llegan correctamente. En cuanto a su forma de funcionamiento, desde el equipo origen se envía un paquete al destino que se indique en el comando. De este paquete, se espera una respuesta para saber que el sistema está funcionando en la red. Además, *Ping* puede devolver datos del retardo en la respuesta, para conocer la calidad de la red.

Ping viene de *Packet Internet Groper* (o rastreador de paquetes) y el protocolo de red que utiliza es ICMP. En algunas ocasiones, está filtrado en la red y no responde, pero no porque el sistema destino esté mal, sino porque puede haber filtrado a estos paquetes ICMP, ya que, en ocasiones, sobrecargan los sistemas gestores.

La forma de ejecutarlo es la siguiente:

```
ping [opciones] <IP o dominio destino>
```

Dependiendo del sistema operativo, las opciones serán unas u otras. La IP destino siempre debe estar y pueden ser una o varias. También puede ser directamente el dominio si se tiene sistema de resolución de nombres en la máquina.

Las opciones más usadas son:

```
ping -t <IP o host>
ping -l 1024 <IP o host>
```

La opción **-t** permite hacer *pings* de manera continua. Para detenerlo, se pulsa **[Ctrl-C].**

La opción **-l** permite especificar el tamaño del paquete en bytes. Así, se genera una carga en la red.

El comando *ping* se utiliza para detectar si un sistema concreto, el cual tiene asignada una IP, está en funcionamiento o no, es decir, si está caído.

Es el comando más utilizado para la primera comprobación de los sistemas en la red.

En muchos casos, da falsos negativos, ya que aparece como que el sistema no responde y a veces puede ocurrir que simplemente el sistema esté filtrado, es decir, que no tenga visibilidad desde el *host* del que se está haciendo el *ping.*

En la siguiente imagen, se puede observar cómo se realiza este comando y la salida que se obtiene.

```
C:\Users\Windows>ping 192.168.1.53

Haciendo ping a 192.168.1.53 con 32 bytes de datos:
Respuesta desde 192.168.1.53: bytes=32 tiempo=5ms TTL=128
Respuesta desde 192.168.1.53: bytes=32 tiempo=4ms TTL=128
Respuesta desde 192.168.1.53: bytes=32 tiempo=21ms TTL=128
Respuesta desde 192.168.1.53: bytes=32 tiempo=9ms TTL=128

Estadísticas de ping para 192.168.1.53:
    Paquetes: enviados = 4, recibidos = 4, perdidos = 0
    (0% perdidos),
Tiempos aproximados de ida y vuelta en milisegundos:
    Mínimo = 4ms, Máximo = 21ms, Media = 9ms

C:\Users\Windows>ping iceditorial.com

Haciendo ping a iceditorial.com [193.70.65.28] con 32 bytes de datos:
Respuesta desde 193.70.65.28: bytes=32 tiempo=32ms TTL=128
Respuesta desde 193.70.65.28: bytes=32 tiempo=31ms TTL=128
Respuesta desde 193.70.65.28: bytes=32 tiempo=32ms TTL=128
Respuesta desde 193.70.65.28: bytes=32 tiempo=32ms TTL=128

Estadísticas de ping para 193.70.65.28:
    Paquetes: enviados = 4, recibidos = 4, perdidos = 0
    (0% perdidos),
Tiempos aproximados de ida y vuelta en milisegundos:
    Mínimo = 31ms, Máximo = 32ms, Media = 31ms
```

Ping

Traceroute

Este comando se utiliza para conocer el camino por el que van los paquetes que se envían a un determinado destino. Lo que se puede visualizar en la salida de esta ejecución del comando son los puntos por los que pasan los paquetes que van a ese destino, lo que en el argot de redes se llama los saltos. Por otro lado, en la salida del comando, se puede ver el tiempo que tardan los paquetes en llegar a cada destino.

Esta opción no siempre está visible y a veces no se pueden ver los *routers* de paso, porque están filtrados u ocultos por seguridad.

La forma de ejecutarlo difiere en los sistemas operativos. En los más usados sería este comando:

- **traceroute <IP o dominio destino>** para *Linux, Unix,* etc.
- **tracert <IP o dominio destino>** para *Windows.*
- **tracert [-d -h n_max_saltos -j lista_host -w tiempo_esperahost_destino]**

Descripción de los parámetros:

- **-d:** especifica que no se resuelvan las direcciones en nombres de *host.*
- **-h n_max_saltos:** especifica el número máximo de saltos para alcanzar el destino.
- **-j lista-host:** especifica la ruta de origen a lo largo de la lista de *hosts.*
- **-w tiempo_espera:** especifica el número de milisegundos especificados en tiempo_espera para cada respuesta.
- **host_destino:** especifica el nombre de la dirección IP del *host* de destino.

El comando *traceroute* se utiliza para conocer los nodos por los que pasa un paquete. En este caso, se utilizará para conocer qué *routers* o nodos intermedios están funcionando correctamente y cuáles no. De esta manera, se conocerá todo el camino por el que atraviesa el paquete y se podrá ver dónde tiene una disrupción la red. Se utiliza cuando se tiene claro que el problema no está en el origen ni en el destino, por lo que se puede sospechar que estaría en el camino.

En la siguiente imagen, se puede observar cómo se realiza este comando y la salida que de este se obtiene. Se observan todos los nodos intermedios por los que pasa el paquete.

```
PS C:\WINDOWS\system32> tracert google.es

Traza a la dirección google.es [142.250.200.131]
sobre un máximo de 30 saltos:

  1     8 ms     5 ms     1 ms  192.168.245.2
  2    10 ms     7 ms     4 ms  192.168.1.1
  3    17 ms     9 ms     9 ms  192.168.144.1
  4     6 ms     5 ms     5 ms  121.red-5-205-16.dynamicip.rima-tde.net [5.205.16.121]
  5    14 ms    15 ms    15 ms  22.red-5-205-16.dynamicip.rima-tde.net [5.205.16.22]
  6    16 ms    15 ms    15 ms  173.red-80-58-89.staticip.rima-tde.net [80.58.89.173]
  7    15 ms    15 ms    15 ms  176.52.253.93
  8    20 ms    14 ms    16 ms  5.53.0.176
  9    16 ms    16 ms    16 ms  108.170.253.225
 10    15 ms    18 ms    15 ms  142.251.51.141
 11    16 ms    20 ms    15 ms  mad41s14-in-f3.1e100.net [142.250.200.131]

Traza completa.
```

Traceroute

ARP

Address Resolution Protocol, en español Protocolo de Resolución de Direcciones, es el protocolo que puede encontrar la dirección de la capa de enlace de un equipo o sistema. Esta dirección es la llamada dirección MAC de un ordenador o cualquier tipo de sistema. Esta MAC es única en cada equipo y se compone de 48 bits que se representan en hexadecimal de 2 en 2 bytes. El protocolo *ARP* lo que hace es preguntar a una red entera (con lo que se denomina una petición *broadcast)* de quién es una determinada dirección IP, que es el identificador que tendrá en la red ese equipo. La diferencia es que la dirección IP puede cambiar y, en cambio, la dirección MAC es fija en cada equipo, viene de fábrica y no cambia. Así, la máquina que hace la pregunta realiza una tabla en la que se relaciona la dirección MAC con la dirección IP. Cuando hay una incidencia puede ocurrir que esta tabla no esté bien hecha o haya cambiado y la máquina aún no tenga constancia de ello. En principio, los cambios suelen ser inmediatos en cada máquina, pero a veces no ocurre.

El comando se utiliza así:

```
arp <comando> [dirección]
ARP -s adr_inet adr_eth [adr_if] ARP -d adr_inet [adr_if] ARP -a [adr_inet] [-N adr_if]
```

Descripción de los parámetros:

- **-a:** muestra las entradas *ARP* activas interrogando al protocolo de datos activos. Si **adr_inet** es precisado, únicamente las direcciones IP y físicas del ordenador especificado son mostradas. Si más de una interfaz de red utiliza *ARP,* las entradas de cada tabla *ARP* son mostradas.
- **-g:** idéntico a **-a.**
- **adr_inet:** especifica una dirección de Internet.
- **-N adr_if:** muestra las entradas *ARP* para la interfaz de red especificada por **adr_if.**
- **-d:** borra el *host* especificado por **adr_inet.**

- **-s:** agrega el *host* y relaciona la dirección de Internet **adr_inet** a la física **adr_eth.** La dirección física está representada bajo la forma de 6 bytes en hexadecimal separados por guiones. La entrada es permanente.
- **adr_eth:** especifica una dirección física.
- **adr_if Precisado:** especifica la dirección de Internet de la interfaz cuya tabla de traducción de direcciones debería ser modificada. No precisada, se utilizará la primera interfaz aplicable.

Cuando uno de los sistemas de la red no responde, es muy útil realizar una llamada al comando *ARP.* En principio, la tabla de enrutamiento *ARP* debe de actualizarse sola, en el momento en que se encuentra un sistema o equipo nuevo en la red. Continuamente, el resto de los equipos que ya están en la red preguntan por si acaso hay uno nuevo. En la realidad, esto no es así. La propagación de la MAC del equipo tarda más de lo esperado, lo que provoca que los equipos no funcionen. Por este motivo, es interesante realizar el comando y comprobar si esta nueva MAC está en la tabla correspondiente. Así, este comando se realiza principalmente cuando se están instalando equipos nuevos y aparece una incidencia. Pero también se puede hacer en cualquier otra incidencia, porque puede ocurrir que se haya borrado la tabla *ARP* de un equipo concreto.

En la siguiente imagen, se puede observar cómo se realiza este comando y la salida que de este se obtiene. Se puede observar la tabla en la que a cada IP le corresponde una dirección física o MAC. Si no aparece la dirección IP que se considera que no funciona en la red, se debe meter en esta tabla.

```
C:\Users\Windows>arp -a

Interfaz: 192.168.245.140 --- 0xe
  Dirección de Internet          Dirección física      Tipo
  192.168.245.2         00-50-56-e5-e4-2a     dinámico
  192.168.245.255       ff-ff-ff-ff-ff-ff     estático
  224.0.0.22            01-00-5e-00-00-16     estático
  224.0.0.251           01-00-5e-00-00-fb     estático
  224.0.0.252           01-00-5e-00-00-fc     estático
  239.255.255.250       01-00-5e-7f-ff-fa     estático
  255.255.255.255       ff-ff-ff-ff-ff-ff     estático
```

ARP

Netstat

Network Statistic es un comando que devuelve estadísticas sobre la red a la que pertenece el equipo desde el que se está ejecutando el comando. Se pueden observar conexiones de red, así como su estado, tablas de enrutamiento o encaminamiento y estadísticas de intefaces y de multidifusión.

Es muy útil para conocer que conexiones hay establecidas. Así, aparecerán todas las conexiones, con su correspondiente dirección IP, y, en la columna de al lado, aparecerá:

- ***Listening:*** la dirección IP correspondiente está en modo escucha, es decir, tiene algún tipo de servicio que ofrece a Internet y acepta peticiones.
- ***Established:*** conexión establecida con la dirección IP de la segunda columna.
- ***Close_Wait:*** conexión cerrada, en espera de la confirmación de cierre.

El comando se utiliza de esta manera:

```
netstat <comando>
NETSTAT [-a] [-b] [-e] [-n] [-o] [-p proto] [-r] [-s] [-v] [intervalo]
```

Descripción de los parámetros

- **-a:** muestra todas las conexiones y puertos de escucha. (Normalmente las conexiones del lado del servidor no se muestran.)
- **-b:** muestra el ejecutable que crea cada conexión o puerto de escucha. En algunos casos, ejecutables muy conocidos alojan múltiples componentes independientes y, en algunos casos, se muestra la secuencia de componentes que crearon la conexión o el puerto de escucha. El nombre del ejecutable está entre [corchetes] en la parte inferior. Arriba está el componente que llamó y así hasta que se alcanza TCP/IP. Téngase en cuenta que esta opción puede tomar tiempo y no se realizará correctamente a menos que tenga los permisos suficientes.

- **-e:** muestra estadísticas Ethernet. Se puede combinar con la opción **-s.**
- **-n:** muestra direcciones y números de puerto en formato numérico.
- **-o:** muestra la Id de proceso asociada con cada conexión.
- **-p proto:** muestra las conexiones del protocolo especificado por proto; proto puede ser tcp o udp. Utilizada con la opción **-s** para mostrar estadísticas por protocolo, proto puede ser tcp, udp o ip.
- **-r:** muestra el contenido de la tabla de rutas.
- **-s:** muestra estadísticas por protocolo. Por defecto, se muestran las estadísticas para TCP, UDP e IP; la opción **-p** puede ser utilizada para especificar un subconjunto de los valores por defecto.
- **-v:** usado en conjunto con **-b,** mostrará la secuencia de los componentes implicados en la creación de la conexión o puerto de escucha para todos los ejecutables.
- **-intervalo:** vuelve a mostrar las estadísticas seleccionadas, con una pausa de intervalo en segundos entre cada muestra.

Este comando se puede utilizar para conocer en qué estado están las conexiones del equipo en concreto. Así, si una conexión aparece como ***Established*** se sabe que el equipo destino está funcionando. También se puede conocer los servidores que están dando servicio a la red, los que estén en modo ***Listening.***

Por otro lado, otra utilización que se le puede dar es conocer las estadísticas de la red. De esta manera, se puede conocer si la red recibe y envía paquetes, por ejemplo.

Se usa en caso de que se quiera conocer detalles de la red que se está gestionando.

En la siguientes imágenes, se puede observar cómo se realiza este comando y la salida que de este se obtiene. En la primera, se observa el estado de las conexiones y en la segunda se observan las estadísticas de la red en la que se halla el sistema en concreto.

```
Símbolo del sistema

C:\Users\Windows>netstat -an

Conexiones activas

  Proto  Dirección local          Dirección remota       Estado
  TCP    0.0.0.0:135              0.0.0.0:0              LISTENING
  TCP    0.0.0.0:445              0.0.0.0:0              LISTENING
  TCP    0.0.0.0:5040             0.0.0.0:0              LISTENING
  TCP    0.0.0.0:7680             0.0.0.0:0              LISTENING
  TCP    0.0.0.0:49664            0.0.0.0:0              LISTENING
  TCP    0.0.0.0:49665            0.0.0.0:0              LISTENING
  TCP    0.0.0.0:49666            0.0.0.0:0              LISTENING
  TCP    0.0.0.0:49667            0.0.0.0:0              LISTENING
  TCP    0.0.0.0:49668            0.0.0.0:0              LISTENING
  TCP    0.0.0.0:49672            0.0.0.0:0              LISTENING
  TCP    127.0.0.1:49814          0.0.0.0:0              LISTENING
  TCP    192.168.245.140:139      0.0.0.0:0              LISTENING
  TCP    192.168.245.140:49675    20.54.37.73:443        ESTABLISHED
  TCP    192.168.245.140:49717    20.54.37.73:443        ESTABLISHED
  TCP    192.168.245.140:49905    2.17.35.145:443        CLOSE_WAIT
  TCP    192.168.245.140:49913    192.229.221.95:80      CLOSE_WAIT
  TCP    192.168.245.140:49919    152.199.21.118:443     CLOSE_WAIT
  TCP    192.168.245.140:49979    20.42.65.91:443        ESTABLISHED
  TCP    192.168.245.140:49984    2.17.35.162:443        ESTABLISHED
  TCP    192.168.245.140:49985    204.79.197.239:443     ESTABLISHED
  TCP    192.168.245.140:49986    13.107.246.43:443      ESTABLISHED
  TCP    [::]:135                 [::]:0                 LISTENING
  TCP    [::]:445                 [::]:0                 LISTENING
  TCP    [::]:7680                [::]:0                 LISTENING
  TCP    [::]:49664               [::]:0                 LISTENING
  TCP    [::]:49665               [::]:0                 LISTENING
  TCP    [::]:49666               [::]:0                 LISTENING
  TCP    [::]:49667               [::]:0                 LISTENING
  TCP    [::]:49668               [::]:0                 LISTENING
  TCP    [::]:49672               [::]:0                 LISTENING
  UDP    0.0.0.0:123              *:*
  UDP    0.0.0.0:161              *:*
  UDP    0.0.0.0:5050             *:*
  UDP    0.0.0.0:5353             *:*
  UDP    0.0.0.0:5353             *:*
  UDP    0.0.0.0:5353             *:*
  UDP    0.0.0.0:5353             *:*
  UDP    0.0.0.0:5355             *:*
  UDP    0.0.0.0:64045            *:*
  UDP    127.0.0.1:1900           *:*
  UDP    127.0.0.1:49770          *:*
  UDP    127.0.0.1:65186          127.0.0.1:65186
  UDP    192.168.245.140:137      *:*
  UDP    192.168.245.140:138      *:*
  UDP    192.168.245.140:1900     *:*
  UDP    192.168.245.140:49769    *:*
  UDP    [::]:123                 *:*
  UDP    [::]:161                 *:*
  UDP    [::]:5353                *:*
  UDP    [::]:5353                *:*
  UDP    [::]:5355                *:*
  UDP    [::]:64045               *:*
  UDP    [::1]:1900               *:*
  UDP    [::1]:49768              *:*
  UDP    [fe80::2514:4d8c:7615:ddd7%14]:1900  *:*
  UDP    [fe80::2514:4d8c:7615:ddd7%14]:49767  *:*
```

```
Administrador: Símbolo del sistema
Microsoft Windows [Versión 10.0.22635.3140]
(c) Microsoft Corporation. Todos los derechos reservados.

C:\Windows\System32>netstat -e
Estadísticas de interfaz

                                 Recibidos           Enviados

Bytes                             23656385           4901740
Paquetes de unidifusión              25455             13270
Paquetes no de unidifusión              80               455
Descartados                              0                 0
Errores                                  0                 0
Protocolos desconocidos                  0

C:\Windows\System32>netstat -s

Estadísticas de IPv4

  Paquetes recibidos                          = 3310
  Errores de encabezado recibidos             = 0
  Errores de dirección recibidos              = 0
  Datagramas reenviados                       = 0
  Protocolos desconocidos recibidos           = 0
  Paquetes recibidos descartados              = 13
  Paquetes recibidos procesados               = 3388
  Solicitudes de salida                       = 2815
  Descartes de enrutamiento                           = 0
  Paquetes de salida descartados              = 0
  Paquetes de salida sin ruta                 = 5
  Reensamblados requeridos                    = 0
  Reensamblados correctos                     = 0
  Reensamblados erróneos                      = 0
  Datagramas correctamente fragmentados       = 0
  Datagramas mal fragmentados                 = 0
  Fragmentos creados                          = 0

Estadísticas de IPv6

  Paquetes recibidos                          = 7
  Errores de encabezado recibidos             = 0
  Errores de dirección recibidos              = 0
  Datagramas reenviados                       = 0
  Protocolos desconocidos recibidos           = 0
  Paquetes recibidos descartados              = 0
  Paquetes recibidos procesados               = 47
  Solicitudes de salida                       = 71
  Descartes de enrutamiento                           = 0
  Paquetes de salida descartados              = 0
  Paquetes de salida sin ruta                 = 0
  Reensamblados requeridos                    = 0
  Reensamblados correctos                     = 0
  Reensamblados erróneos                      = 0
  Datagramas correctamente fragmentados       = 0
  Datagramas mal fragmentados                 = 0
  Fragmentos creados                          = 0

Estadísticas ICMPv4

                                      Recibidos  Enviados
  Mensajes                            8          2
  Errores                             0          0
  Destino inaccesible                 7          2
```

Continúa en página siguiente >>

<< Viene de página anterior

```
  Tiempo agotado                          0           0
  Problemas de parámetros                 0           0
  Paquetes de control de flujo            0           0
  Redirecciones                           0           0
  Respuestas de eco                       0           0
  Ecos                                   1          0
  Marcas de tiempo                                  0          0
  Respuestas de marca de tiempo                     0          0
  Máscaras de direcciones                 0           0
  Máscaras de direcciones respondidas     0           0
  Solicitudes de enrutador    0          0
  Anuncios de enrutador       0          0

Estadísticas de ICMPv6

                            Recibidos   Enviados
  Mensajes                                0           5
  Errores                                 0           0
  Destino inaccesible                     0           0
  Paquete demasiado grande    0          0
  Tiempo agotado                          0           0
  Problemas de parámetros                 0           0
  Ecos                                   0          0
  Respuestas de eco                       0           0
  Consultas MLD               0          0
  Informes MLD                0          0
  Ejecuciones MLD             0          0
  Solicitudes de enrutador    0          3
  Anuncios de enrutador       0          0
  Solicitudes de vecino       0          1
  Anuncios de vecino          0          1
  Redirecciones                           0           0
  Renumeraciones de enrutador 0          0

Estadísticas de TCP para IPv4

  Activos abiertos                        = 130
  Pasivos abiertos                        = 0
  Intentos de conexión erróneos           = 8
  Conexiones restablecidas                = 6
  Conexiones actuales                     = 43
  Segmentos recibidos                     = 3009
  Segmentos enviados                      = 2347
  Segmentos retransmitidos                = 34

Estadísticas de TCP para IPv6

  Activos abiertos                        = 7
  Pasivos abiertos                        = 0
  Intentos de conexión erróneos           = 7
  Conexiones restablecidas                = 0
  Conexiones actuales                     = 0
  Segmentos recibidos                     = 62
  Segmentos enviados                      = 38
  Segmentos retransmitidos                = 24

Estadísticas UDP para IPv4

  Datagramas recibidos    = 696
  Sin puerto              = 6
  Errores de recepción    = 0
```

Continúa en página siguiente >>

<< Viene de página anterior

```
  Datagramas enviados      = 453

Estadísticas UDP para IPv6

  Datagramas recibidos     = 20
  Sin puerto               = 0
  Errores de recepción     = 0
  Datagramas enviados      = 16

C:\Windows\System32>_
```

Aplicación práctica

En su empresa se encuentra con que uno de los servidores de la red local, con IP 192.168.1.34, no está dando servicio y, por tanto, se debe proceder a su reparación. Empezando por las pruebas básicas de los comandos, realice un *ping* y un *netstat* para comprobar el funcionamiento del servidor.

SOLUCIÓN

Desde otro *host* o equipo, se ejecutará el comando:

ping 192.168.1.34

Por la pantalla, se obtiene una respuesta del servidor si este está activo y, si no lo está, una respuesta diciendo que el servidor no es alcanzable.

Desde el servidor se ejecuta el comando:

netstat –an

En este caso, por la pantalla se comprobará si el servidor está dando servicio o no (si el puerto está en modo *listening).*

6. Desarrollo de supuestos prácticos de resolución de incidencias donde se ponga de manifiesto

Se dispone de una gran cantidad de herramientas, tanto *software* como *hardware* para la gestión y la resolución de incidencias, que también sirven para la administración de las redes en general. Con estas herramientas, se trata de resolver el problema. En este epígrafe, se va a trabajar con un supuesto concreto de una posible incidencia, para intentar hacer un uso más concreto y práctico.

6.1. Supuesto práctico

Hay una red de que da servicio a un sistema de compras por Internet. En este sistema, hay un servidor central donde están los productos dentro de su espacio correspondiente y en una base de datos de las tres tiendas que están asociadas a través de esta página. Hay otro servidor que está conectado a este, pero no tiene acceso directo al público y es el que tiene el pago por Internet. Y todo esto a través de un cortafuegos y los correspondientes *routers* que dan acceso a Internet.

También hay una red interna de la oficina y de teletrabajo para el personal que trabaja en esta empresa. En la siguiente imagen, se muestra la estructura de la red.

Esquema de red de la tienda *online*

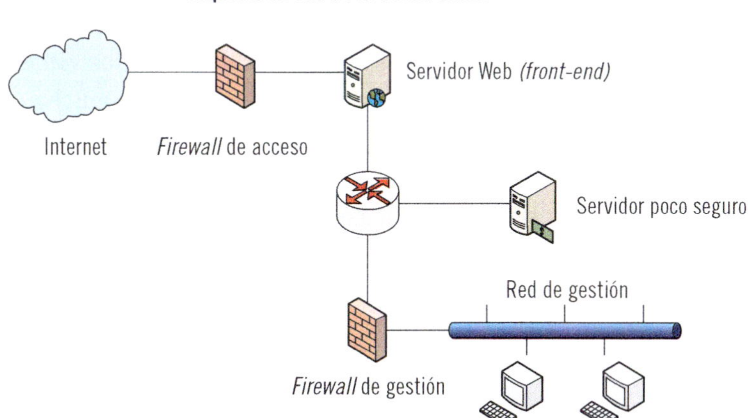

El dueño de una de las tiendas llama, un lunes laborable a las 11 a. m., explicando que han llamado clientes diciendo que pueden acceder a la tienda, pero que, a la hora de hacer el pedido y pagarlo, les da un error de que no se puede acceder al pago *online*.

Interpretación de la documentación técnica de los equipos implicados

Para poder trabajar con la incidencia, se debe hacer una interpretación de los sistemas que están implicados en el proceso. Lo primero que se debe conocer y saber son los tipos de sistemas (servidores, *routers*, etc.), pero, para lo que se trata en este tema, saber conocer las redes y, por supuesto, saber leer los mapas de red.

Con respecto a los sistemas, se debe estudiar la documentación que proporciona el fabricante para cada sistema en concreto y, por supuesto, tener buenos conocimientos en redes para poder interpretarla.

Esta documentación suele venir en inglés, ya que es el lenguaje común que se usa a nivel mundial para casi todos los oficios y particularmente en la profesión de administración de sistemas informáticos y de redes.

Por tanto, se deberá conocer y tener acceso a la documentación que proporciona el fabricante de cada sistema implicado en la red.

Pero, concretando en la red, lo primero que se debe de interpretar es el mapa de este ejemplo concreto.

En la imagen anterior, se pueden observar los servidores, los *routers* y los cables de red. Esto es un mapa conceptual de la red que es de mucha utilidad para empezar a poder examinar las posibles causas.

Interpretación de la documentación técnica del proyecto

Para empezar, se debe tener una visión global de la red y de los sistemas implicados en esta. Se tendrá también toda la documentación con la que se trabaja en el proyecto, como es la base de datos de incidencias, de problemas, el SLA, etc. Suele haber programas de gestión de contenidos, muy útiles para hacer más eficiente y menos costoso este trabajo.

Una vez recibida la incidencia, se debe revisar tanto la documentación que llega como la SLA, para ver qué requisitos mínimos se deben cumplir y, por supuesto, estudiar el mapa de red para poder dilucidar las posibles causas.

Actividades

21. Está en una empresa en la que se da servicio a una empresa de telefonía móvil. En este servicio, se administra la red y se da soporte a todo tipo de incidencias y problemas. A la hora de contratar el servicio, se debe hacer el acuerdo SLA. Se reúne el grupo de administradores. Explique cuáles serían los acuerdos mínimos del SLA que propondría a la empresa.

Como en la especificación de la incidencia en concreto explica que sí se tiene acceso a la tienda y a ver los productos, pero que lo que no se puede es realizar el pago, se puede delimitar la posible zona en la que se encuentra el problema, de la siguiente manera:

Red del ejemplo, destacando la zona en la que se detecta el problema

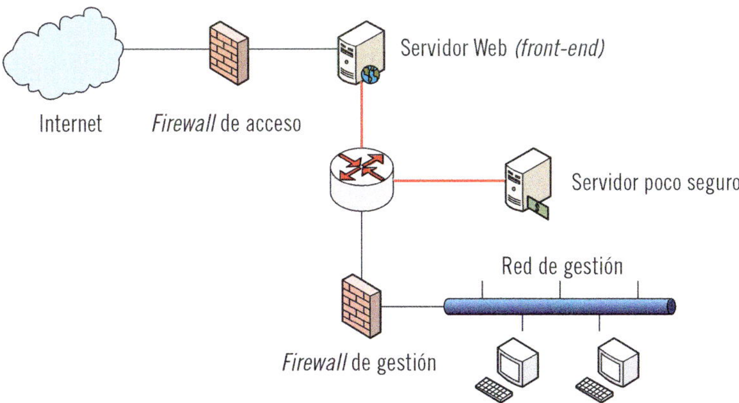

Una vez delimitada esta zona, las posibles causas son también muchas menos:

- Problema con el cableado entre el servidor al público de la tienda.
- Problema en los *routers* intermedios.
- Problema de una mala configuración de la red.
- Problema en el *software* de la configuración de la conexión en los servidores o problema en los servidores.

Por lo tanto, se deberían realizar pruebas para conocer cuál es el problema.

Elección de las herramientas de diagnóstico en función del problema

Para conocer la causa real y definitiva del problema, se debe de hacer uso de las herramientas que se han descrito, tanto *software* como *hardware.*

Cuando hay un problema de falta de servicio total, siempre se puede hacer uso de una herramienta *software* en un principio, para que de esta manera se pueda descartar un problema de configuración o de protocolo. Así que, dependiendo del sistema que se esté utilizando o de que se pueda usar un programa de *software* libre o comprado, se usará:

- Para sistemas *Windows: Microsoft Network Monitor o Wireshark.*
- Para sistemas *Linux* o cualquiera de sus versiones o sistemas operativos basados en *Unix* o *Linux: Tcpdump, Wireshark* o *Nagios.*
- Para sistemas operativos *Solaris: Snoop* o *Wireshark.*
- Para sistemas operativos *Mac OS: Wireshark.*

Estas herramientas se pueden utilizar desde un PC remoto si se pude tener acceso remoto a los servidores o, si no se puede, se debe ir físicamente al lugar donde están los servidores y pinchar con un portátil que tenga instaladas estas herramientas en el *switch* o *router* que permita que el portátil en cuestión esté dentro de la red.

Sobre estas herramientas, se va a realizar una ejemplificación posteriormente.

Si se llega a la conclusión de que no es nada de *software* ni de protocolo de redes, se deben realizar pruebas físicas. Para esto, se haría uso de las herramientas *hardware* descritas. Dependerá un poco del tipo de herramientas que se tengan, porque no todas las empresas se pueden permitir tener todas las herramientas.

En el caso del ejemplo, se podría hacer uso de:

- El comprobador de cables. Se estudiaría el cable que va desde el servidor público de acceso a los clientes a la tienda *on-line* hasta el servidor de pago.
- En el caso de que se disponga de un certificador de cable, este podría hacer el papel de cualquier otro instrumento.

Se decanta por usar un comprobador de cables y se realiza la prueba con este, conectando cada terminal a un extremo del cable.

Al encender el comprobador de cableado, empiezan a encenderse las luces que identifican cada par de cables con su correspondiente en el extremo opuesto. Pero ocurre que una de las luces del receptor no se enciende. De aquí se deduce completamente que el problema está en el cable físico y se debe de arreglar este cable.

La estimación de la magnitud del problema para definir la actuación

Una vez que se conoce la causa, se tiene que llevar a cabo la reparación.

Para poder realizar todas las pruebas y para planificar la solución que resolvería el problema en cuestión, se tiene que tener en cuenta, esencialmente, el acuerdo de SLA. De esta manera, se trabajará según ese acuerdo. Para esto, normalmente las empresas de mantenimiento y administración de sistemas y redes suelen ofrecer distintos servicios y tiempos, dependiendo de la criticidad de los sistemas que se quieran administrar y del coste que se desee asumir por parte del cliente. Así, es lógico encontrarse una serie de servicios, como por ejemplo:

- Servicio en horario laboral por la mañana: el menos costoso. Suele ser para clientes cuya red no es realmente crítica o para los que hacen uso de ella solo cuando están en su puesto de trabajo y no realizan otro servicio fuera de ese horario.
- Servicio de horario laboral extendido: un poco más caro que el anterior. Suele ser para empresas que necesitan también servicio por la tarde e incluso los sábados, por ejemplo en horario comercial.
- Servicio 24 x 7: el más costoso. Significa que hay un técnico de guardia todo el tiempo, incluso festivos. Es para sistemas críticos o que basan todo su trabajo en su sistema en red.

Aparte del servicio al que se llegue en el acuerdo, hay otro tipo de acuerdos en el SLA, como cuánto es el tiempo mínimo de actuación o cuánto tiempo como máximo puede estar la red caída con el servicio mermado.

Todos estos acuerdos recogidos en el SLA son los que especificarán el tiempo de actuación, tanto para encontrar el error como para solucionarlo, ya que, por ejemplo, si no está contratado el servicio 24 x 7 y se deja de tener servicio a las 4 a. m., no habrá ningún técnico de guardia, por lo que se empezaría a estudiar la incidencia a la hora de entrada en el trabajo, a las 8 o a las 9 a. m., según se tenga concretado en el acuerdo.

Ejemplo

En el ejemplo, se ha llegado a un acuerdo temporal laboral extendido, de manera que se otorga servicio los laborables de 8 a.m. a 20 p. m. y sábados de 9 a. m. a 15 p. m. Como el cliente ha llamado dentro de este horario, los técnicos se disponen a realizar el arreglo del cableado.

Aplicación práctica

En la red del ejemplo, que se puede observar en la siguiente imagen, se ha delimitado físicamente el error de manera que se sabe que es en el cable señalado de rojo. Para poder saber las causas del problema, ¿qué herramientas tanto *software* como *hardware* utilizaría?

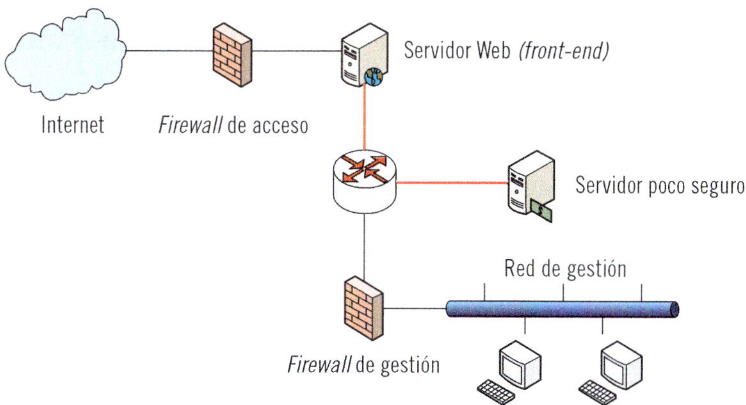

SOLUCIÓN

Como herramientas de *software*, se pueden utilizar:

- Para sistemas *Windows: Microsoft Netware Monitor* o *Wireshark.*
- Para sistemas Linux o cualquiera de sus versiones o sistemas operativos basados en *Unix* o *Linux*, se usaría *Tcpdump, Wireshark* o *Nagios.*
- Para sistemas operativos *Solaris*, se usaría *Snoop* o *Wireshark.*
- Para sistemas operativos *macOS*, se usaría *Wireshark.*

Estas herramientas se pueden utilizar desde un PC remoto si se puede tener acceso remoto a los servidores o, si no se puede, se debe ir físicamente al lugar donde están los servidores y pinchar con un portátil que tenga instaladas estas herramientas en el *switch* o *router* que permita que el portátil en cuestión esté dentro de la red.

En cuanto a herramientas *hardware*, se pueden usar:

- El comprobador de cables. Se estudiaría el cable que va desde el servidor público de acceso a los clientes a la tienda *online* hasta el servidor de pago.

Continúa en página siguiente >>

<< Viene de página anterior

- En el caso de que se disponga de un certificador de cable, podría realizar también la comprobación del cableado.

---

7. Desarrollo de supuestos prácticos de resolución de incidencias donde se realice una captura de tráfico utilizando un analizador de tráfico

Los analizadores del tráfico que conllevan un monitor de red muestran una serie de trazas que son muy útiles para los administradores de redes y muy especialmente para la detección de incidencias o mal funcionamiento de las redes. Como ya se dijo, se deben interpretar por personas que conozcan las redes, los protocolos y los paquetes que viajan a través de estas.

7.1. Analizar la captura realizada y determinar las variaciones con respecto a los parámetros de funcionamiento normal

En este caso, se va a realizar una simulación de un posible mal funcionamiento en la red, para poder distinguir el tipo de trazas que se obtendrían de estas herramientas. Concretamente, se va a hacer con *Wireshark,* aunque son todos más o menos iguales y conociendo uno se puede hacer uso de los demás sin problema.

Pero se va a utilizar este como ejemplo porque es uno de los más usados actualmente entre los administradores de redes y porque es muy versátil, ya que se puede utilizar en cualquier sistema operativo (también para *Linux).*

Supuesto práctico

Se tiene la siguiente captura de *Wireshark* que se ha puesto a funcionar dentro de una red con varios servidores:

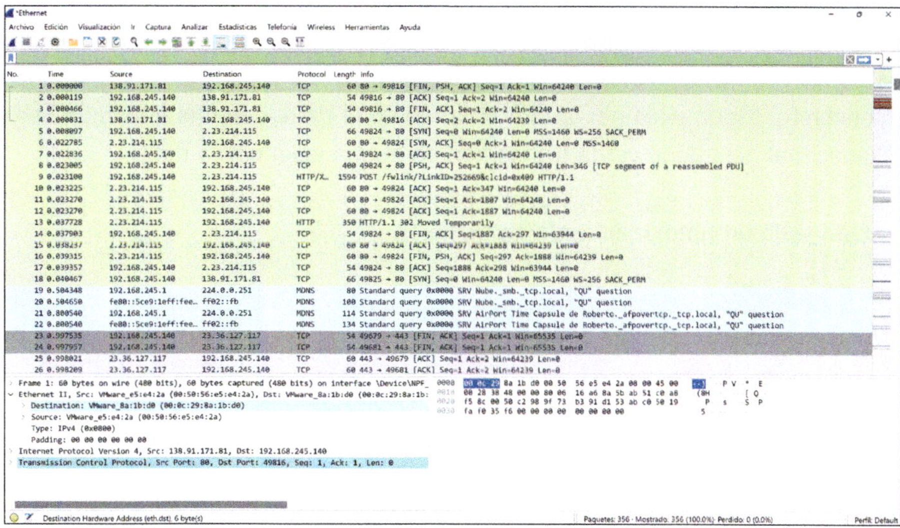

Funcionamiento normal de Wireshark

Se puede comprobar que aparecen todos los datos de la conexión: tiempo, IP origen, IP destino, protocolo, etc. Con esto, se tendrían todos los datos de una conexión. Pero se pueden tener más datos de la conexión, pudiendo obtener su formato en hexadecimal y traducido, como en la siguiente imagen:

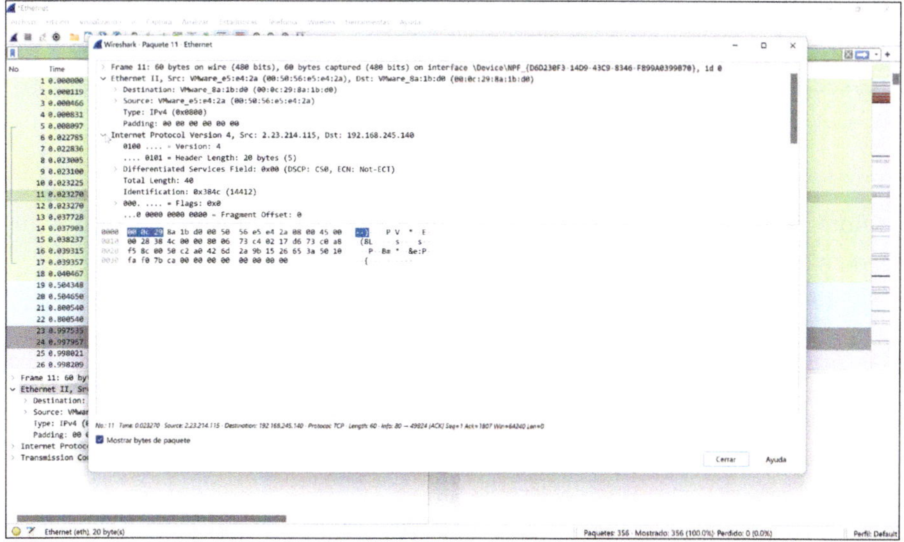

Funcionamiento normal de Wireshark. Detalle de paquete

Esto se obtiene haciendo clic con el botón izquierdo del ratón en una de las trazas y de esta manera se consigue toda la información de ese paquete en concreto, según viaja por la red. Mirando en la parte derecha el paquete en hexadecimal, se puede ver la traducción de lo que viaja por la red.

Esto sería un funcionamiento normal.

A continuación, se ve una imagen con una captura en la red con un mal funcionamiento:

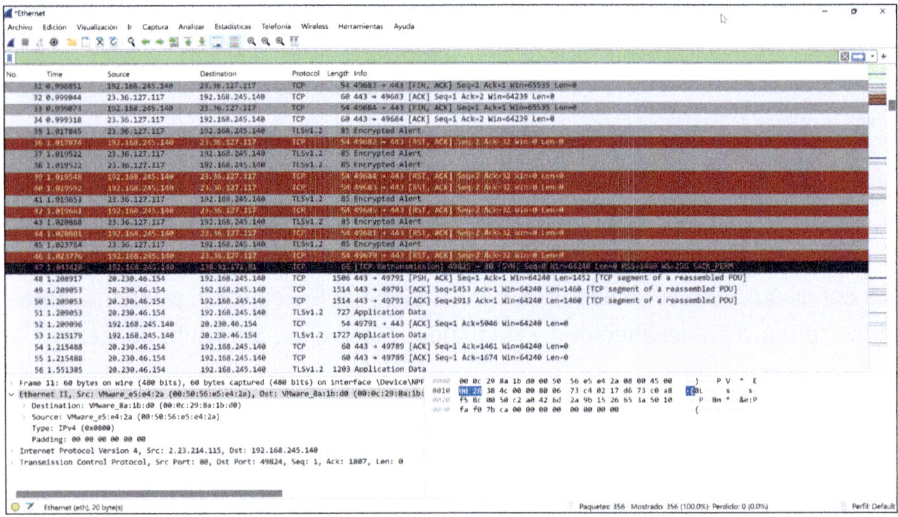

Funcionamiento con error de Wireshark

Aquí se puede observar que en una petición que se realiza no hay respuesta desde el servidor. Así:

- La IP local 192.168.45.140 se intenta conectar por http a la IP destino 138.91.171.81 y aparece una traza normal (en este caso verde claro) que especifica la petición.
- Se puede comprobar que no hay una traza de respuesta (faltaría una entrada en las trazas de respuesta).
- Ya aparece la traza de error en la que se intenta retransmitir el paquete, para volver a intentar la transmisión (traza negra).

- Se resetea la comunicación, con un *reset ACK* (traza roja).

Con esto, se puede comprobar que la transmisión está dando un error, por lo que hay un problema en la comunicación hacia ese servidor.

Si hay varios, se puede ver como con todos los demás la comunicación es correcta, por lo que con esto se puede acotar en qué servicio está el error.

7.2. Proponer, si es necesario, una solución justificada

En cualquier caso, cuando aparecen este tipo de trazas, es muy probable que haya un problema en la red o en el servidor. Así pues, estas herramientas consiguen delimitar cuál es el problema y en qué servicio se encuentra.

En este caso en concreto, se tiene que probando esta IP no tiene en servicio el servidor web (http). Si la IP está en la red que se administra, se debe escalar el problema a los administradores de servidores, para que estos pongan de nuevo en funcionamiento el servidor, y, si es de otra empresa, se le debe escalar el problema a ellos.

8. Resumen

Cuando se tiene una incidencia en la red, lo primero es realizar una definición del problema y una descripción, especificando qué servicios se ven afectados, cuándo ha pasado, etc.

Posteriormente, se deben delimitar las posibles causas. Para esto, se usan los diagramas de causa/efecto de Ishikawa.

Para analizar los posibles problemas, se dispone de una serie de herramientas tanto *hardware* como de *software.*

En cuanto a las de *hardware*, están:

- Polímetro: realiza mediciones de distintos parámetros.
- Comprobador de cableado: comprueba los pares de cables.
- Generador y localizador de tonos: comprueba que un cable en concreto no tiene ninguna disrupción. Puede localizar cables.
- Reflectómetro de dominio temporal: puede localizar el lugar de una disrupción o deterioro de un cable. Útil para redes muy lejanas.
- Certificador de cableado: herramienta completa que incluye todas las anteriores.

Y en cuanto a de *software:*

- Monitor de red: monitoriza los paquetes que circulan por la red, proporcionando trazas que describen estos paquetes.
- Analizador de protocolos: analiza los protocolos que van en estos paquetes que captura el monitor de red.

También pueden emplearse los siguientes comandos:

- *Ping:* sirve para localizar un sistema y saber si está en funcionamiento
- *Traceroute:* permite conocer los nodos por los que pasa un paquete.
- *ARP:* realiza la tabla de enrutamiento referida a las direcciones MAC.
- *Netstat:* proporciona estadísticas de la red.

Ejercicios de repaso y autoevaluación

1. **¿Qué se debe definir dentro de la red para acotar el problema?**

____

____

____

____

2. **Marque la respuesta incorrecta. Las causas más probables en cuanto a la configuración *software* a nivel de red son:**

   a. Dispositivos de red dañados.
   b. Configuraciones de dispositivo incorrectas o no óptimas.
   c. Bajo nivel de red.
   d. Problemas de autenticación y asociación.
   e. Ancho de banda de red insuficiente.

3. **De las siguientes afirmaciones, diga cuál es verdadera o falsa.**

   a. La notificación de incidencias o problemas la reciben solo ingenieros de alto nivel.

      ☐ Verdadero
      ☐ Falso

   b. Para poder llegar a una solución del problema, se deben establecer antes las posibles causas.

      ☐ Verdadero
      ☐ Falso

   c. Los diagramas causa/efecto de Ishikawa son muy útiles para determinar las posibles causas de un problema.

      ☐ Verdadero
      ☐ Falso

---

4. **En el caso en el que el problema haya desaparecido. ¿Es necesario igualmente buscar y verificar la causa?**

____
____
____
____

5. **Complete el siguiente texto.**

En el caso de la planificación de la resolución, se deben tener muy en cuenta los acuerdos llegados según el ____________. Para esto, se debe tener esta documentación accesible y ____________, porque es muy importante para esta planificación. Esto repercute sobre todo en los ____________ de contratación de servicio.

6. **¿Qué es el diagrama causa/efecto?**

____
____

7. **Marque la respuesta incorrecta. Los elementos del diagrama causa/efecto son:**

a. Identificación del diagrama.
b. El problema a analizar o cabeza.
c. Línea principal, espina central o columna vertebral.
d. Punto céntrico o corazón del problema.
e. Causas primarias o espinas principales.
f. Causas secundarias o espinas.
g. Causas o espinas menores.

8. **De las siguientes afirmaciones, diga cuál es verdadera o falsa.**

a. En la identificación del problema, para realizar los diagramas causa/efecto se debe concretar lo máximo posible.

☐ Verdadero
☐ Falso

---

b. La tormenta de ideas no es un buen método para la identificación de las posibles causas.

- ☐ Verdadero
- ☐ Falso

c. Las 5M son un método utilizado para realizar los diagramas causa/efecto.

- ☐ Verdadero
- ☐ Falso

9. Enumere cinco herramientas hardware para el diagnóstico de incidencias en redes.

____
____
____
____

10. Complete el siguiente texto.

Los reflectómetros de dominio temporal o __________ son dispositivos muy utilizados en redes extensas, ya que permiten __________ fallos en el cableado y en las redes en sitios muy distantes.

11. Enumere cinco herramientas usadas en la actualidad que trabajan como monitorizadores de red y analizadores de protocolo.

____
____

12. Indique cuál de las siguientes afirmaciones no es correcta sobre los comandos usados en los distintos sistemas operativos.

a. El comando *ping* muestra si un sistema está caído.
b. El comando *ARP* muestra la tabla de MAC de los sistemas que forman una red.
c. El comando *traceroute* muestra los servicios que están escuchando de los sistemas de una red.

13. De las siguientes afirmaciones, diga cuál es verdadera o falsa.

a. El gestor de redes hace uso de un monitor de red y de un analizador de protocolo.

- ☐ Verdadero
- ☐ Falso

b. *Wireshark* y *Nagios* son herramientas que se usaban hace 20 años y actualmente no se usan.

- ☐ Verdadero
- ☐ Falso

c. Para la planificación de la actuación para resolver la incidencia, se debe tener en cuenta el SLA.

- ☐ Verdadero
- ☐ Falso

14. Escriba el comando *ping* si se quiere conocer si el sistema con la IP 192.168.1.34 está caído y el comando *netstat* si se quieren conocer los servicios que se están ofreciendo.

____

____

____

____

15. Relacione las herramientas *software* para el diagnóstico y resolución de problemas con el sistema operativo sobre el que funcionarían.

a. Wireshark
b. Microsoft Network Monitor
c. Nagios

__ *Windows*
__ *Linux*
__ *MacOS Solaris*

Bibliografía

Monografías

- BAUD, J. L.: *ITIL® 4 Entender el enfoque y adoptar las buenas prácticas.* Barcelona: Editorial ENI, 2020.
- BAUD, J. L.: *ITIL® Preparación a la certificación ITIL® 4 Foundation.* Barcelona: Editorial ENI, 2021.
- CHICANO Tejada, E.: *Auditoría de seguridad informática.* Antequera: IC editorial, 2023.
- DORDOIGNE, J.: *Administre una red en Windows o Linux: Ejercicios y soluciones.* Barcelona: Editorial ENI, 2021.
- DORDOIGNE, J.: *Redes informáticas, nociones fundamentales.* Barcelona: Editorial ENI, 2022.
- GÓMEZ Vieites, A. y OTERO Barros, C.: *Redes de ordenadores e Internet.* Madrid: RA-MA, 2011.
- McNAB, C.: *Seguridad de redes.* Madrid: Anaya, 2008.
- ROBLES Gener, M.: *Introducción a ITIL.* Sevilla: Universidad de Sevilla, 2011.
- RAMOS Varón, A. A. y BARBERO Muñoz, C. A.: *Hacking practico en internet y redes de ordenadores.* Madrid: RA-MA, 2015.

- VV. AA.: *Fundamentos de la gestión de servicio TI-ITIL*. Barcelona: Mediagora, 2007.
- VV. AA.: *Seguridad Informática.* Madrid: McGraw-Hill/Interamericana de España, 2013.

Textos electrónicos, bases de datos y programas informáticos

- Atlassian. Gestión de proyectos e incidencias, de: <https://www.atlassian.com/es/software/jira/>.
- Bugzilla, de: <http://www.bugzilla.org/>.
- Certificación de cableado, de: <https://es.flukenetworks.com/cabling-certification>.
- Certificación de la instalación del cableado, de: <https://otrs.com/es/home/>.
- Certificador de cableado estructurado, de: <https://advanceinfraestructuras.es/cableado-estructurado/certificador>.
- Gestión de incidentes de seguridad informática, de: <https://insecurityinsight.org/wp-content/uploads/2020/02/1-GIIS-Manual-Jan2018_ES.pdf>.
- Gestión simple del servicio OTRS, de: <https://otrs.com/es/home/>.
- Help Desk. Software de soporte y asistencia de usuarios, de: <https://www.artologik.com/es/helpdesk>.
- Itop Consulting, de: <http://www.itop.es/>.
- Magazcitum. ITIL: ¿qué es y para qué sirve? (parte 1), de: <https://www.magazcitum.com.mx/index.php/archivos/50>.
- Mantis Bug Tracker, de: <http://www.mantisbt.org/>.
- Pivotal Tracker. Agile Project Management, de: <http://www.pivotaltracker.com/>.

- Polímetro, de: <http://www.slideshare.net/RMB101-EQUIPO1/polimetro-11954315>.

- Redmine, de: <http://www.redmine.org/>.

- The Trac Project, de: <http://trac.edgewall.org/>.

- Wiki sobre el proceso ITIL V4 de:
<https://wiki.en.it-processmaps.com/index.php/ITIL_4>.